Brigitta Klingel

Rezepte mit Fleischgeschmack

Vegetarische Küche

Mit vegetarischen Zutaten Fleischalternativen zubereiten.
Extra: Vegetarische Grillspezialitäten

Südwest

Inhalt

Alle lebenswichtigen Nährstoffe sind in pflanzlichen Lebensmitteln enthalten.

Vegetarische Küche ist langweilig? Mit der Artischockenkasserolle lässt sich leicht das Gegenteil beweisen.

Glücklich ohne Fleisch

In der westlichen Welt werden heute immer mehr Menschen aus gesundheitlichen Gründen oder aus Gründen der Fitness zu Vegetariern. Vielfach sind es tier- oder umweltschützerische Gründe, die hinter dieser Entscheidung stehen. Die Ernährungslehren, die den Verbrauchern einredeten, dass nur tierische Proteine groß, stark und gesund machen, wurden längst als fragwürdig entlarvt. Lassen wir die extremen Ernährungsweisen außer Acht, dann gibt es heute eine große Übereinstimmung bezüglich der Ausgewogenheit der Ernährung, in der Vollgetreide, frisches Obst und Gemüse täglich vertreten sein sollten.

Mehrere Studien zeigen deutlich, dass Vegetarier im Allgemeinen weniger gesundheitliche Risikofaktoren aufweisen als »Fleischvertilger«: Blutdruck, Körpergewicht und Blutfettwerte sind niedriger, Fettstoffwechselstörungen, Herz-Kreislauf-Erkrankungen, Diabetes und Gicht treten bei ihnen seltener auf.

Fleischlos oder vegetarisch?

Wer genau ist nun Vegetarier? Sind sie gesünder als Menschen, die Fleisch essen? Mit welcher Ernährungsform kann man sich Vegetarier nennen? Bedeutet Vegetarier-Sein nur den Verzicht auf den Verzehr von Fleisch? Darf man als Vegetarier Eier, Milch, Milchprodukte oder Fisch und Honig zu sich nehmen?

Wer sollte sich ausschließlich pflanzlich ernähren, um nicht seine Gesundheit zu gefährden? Und worauf muss man achten, wenn man Mangelerscheinungen vorbeugen möchte? Auf diese Fragen möchte das Buch Antwort geben und zeigen, dass die vegetarische Küche in all ihren Ausformungen ein Paradies für alle Gaumenfreunde ist.

Veganer oder Vegetarier?

Gibt es auch viele Vorstufen des Vegetarismus, bei denen der Fleisch- oder Fischkonsum erheblich reduziert wird, so unterscheidet man im Allgemeinen zwischen drei unterschiedlichen Formen.

Ovo-Lacto-Vegetarier

Ovo-Lacto-Vegetarier essen weder Fleisch noch Fisch, ernähren sich aber – außer von pflanzlichen Lebensmitteln – auch von Eiern, Milch, Milchprodukten und Honig. Sie stellen die größte Gruppe unter den Vegetariern und müssen keine Mangelerscheinungen fürchten, da die Speisenauswahl einschließlich Ei- und Milcherzeugnissen sehr vielfältig ist und alle Baustoffe für eine gesunde Ernährung beinhaltet.

Lacto-Vegetarier

Bei bestimmten Erkrankungen wie z. B. Gicht oder Bluthochdruck ist eine eiweißarme Ernährung empfehlenswert.

Lacto-Vegetarier verbinden pflanzliche Lebensmittel mit aus Milch gewonnenen Produkten. Auf ihrem Speiseplan stehen weder Fleisch, Fisch noch Eier. Bekanntester Verfechter dieser Einstellung war der Schwede Aare Waerland, dem es in erster Linie darum ging, Fäulnisvorgänge aus dem Darm fernzuhalten, die seiner Ansicht nach durch Fleisch, Fisch und Eier gefördert wurden. Lacto-Vegetarier müssen bei gekonnter Zusammenstellung von tierischem und pflanzlichem Eiweiß keine Mangelerscheinungen fürchten.

Veganer

Die kleinste Gruppe unter den Vegetariern lehnt nicht nur den Verzehr von Fleisch und Fisch, sondern überhaupt aller tierischen Produkte ab. Es werden konsequent nur rein pflanzliche Lebensmittel verwendet. Oft bezieht sich die Ablehnung auch generell auf den Gebrauch und die Verwendung von tierischen Produkten in anderen Bereichen des Lebens wie z. B. Pelze, Leder, Wolle und Seide. Um Mangelerscheinungen vorzubeugen, muss die Ernährung der Veganer mit großer Kenntnis zusammengestellt werden, damit der Organismus mit allen notwendigen Stoffen, vor allem Eiweiß, Kalzium, Eisen und Vitamin B12 versorgt wird.

Bei der veganen Ernährung ist Vorsicht geboten: Bei Kleinkindern und Menschen, die extremen Belastungen ausgesetzt sind, müssen Mineralstoff- und Vitaminzufuhr gesichert sein.

Gefahr von Mangelerscheinungen

Eiweiß ist zwar ernährungsphysiologisch wertvoll. Ein Überangebot an Eiweiß belastet jedoch den Stoffwechsel und schädigt nach neuesten Erkenntnissen möglicherweise sogar die Nieren. 0,8 Gramm Eiweiß pro Kilogramm Körpergewicht werden von der DGE täglich empfohlen, davon höchstens zur Hälfte tierisches Eiweiß. Sogar rein pflanzliche Eiweiße können – in entsprechender Kombination – hohe biologische Wertig-

Der optimale Pflanzenmix

Wenn man nur das Eiweiß der einzelnen Gewächse betrachtet, hat pflanzliches Eiweiß eine niedrige biologische Wertigkeit. In Kombinationen können jedoch Wertigkeiten erreicht werden, die denen von Fleisch ähneln. Hochwertig sind Gerichte aus:

- Mais und Hülsenfrüchten
- Getreide und Hülsenfrüchten
- Getreide, Nüssen und Samen

Optimal sind Kombinationen, die zusätzlich noch tierisches Eiweiß enthalten:

- Kartoffeln mit Tofu und/oder Milchprodukten
- Getreide und Milch
- Nüsse und Samen mit Milch

Sie werden feststellen, dass selbst Nicht-Veganer bei einem geschickt zusammengestellten Menü von veganen Köstlichkeiten nichts vermissen werden.

keiten erreichen und dadurch tierisches Eiweiß ersetzen. Wichtig und etwas schwieriger zu ersetzen ist das Vitamin B12, das nur in tierischen Lebensmitteln vorkommt. Ein Ausgleich ist mit Milchsäureprodukten, Algen und Hülsenfrüchten möglich. Eisen ist zwar auch in Pflanzen zu finden, dies wird jedoch vom Organismus schlechter verwertet. Zusätzliches Vitamin C verbessert die Eisenaufnahme. Alle anderen im Fleisch in größeren Mengen vorkommenden Stoffe können problemlos durch pflanzliche Lebensmittel aufgenommen werden. Mit etwas Einfallsreichtum und Kreativität ist es möglich, die Geschenke der Natur nicht nur auf sinnvolle, sondern auch auf besonders schmackhafte Weise zu verwenden.

Tierische Zusätze

Da Kleinstmengen nicht deklarationspflichtig sind, sollte man beim Hersteller nachfragen.

Wer Erzeugnisse mit Zusätzen tierischer Herkunft ablehnt, kommt nicht umhin, die Inhaltsangaben der Produktverpackungen genau zu studieren. Obwohl Bio- und Reformhauswaren exakt gekennzeichnet sind, muss man als Veganer auch bei ovo-lakto- und lakto-vegetarischen Produkten auf tierische Zusätze achten.

Der Mensch – Jäger oder Sammler?

Beim Für und Wider der fleischlosen Ernährung wird auch die menschliche Entwicklung ins Feld geführt: Millionen von Jahren sollen unsere Vorfahren das Wild erjagt, erbeutet und verspeist haben. Dass sie gesünder waren, hat jedoch noch einen anderen Grund: Sie ernährten sich mit vielen verschiedenen Kräutern, die eine wesentlich höhere Konzentration an Mineralstoffen und Vitaminen aufwiesen als unser heutiges Gemüse.

Das Gebiss

Schon vor der Jägerzeit hat es jedoch Menschen gegeben, die sich überwiegend von Pflanzen, Wurzeln, Samen und Früchten ernährten. Gebissfunde weisen darauf hin. Die Reißzähne, die auf einen reinen Fleischfresser schließen lassen würden, waren weder damals noch heute besonders ausgeprägt.

Omnivoren

Der Mensch war und ist ein Omnivore, ein Allesfresser, denn auch seine Mahlzähne sind nicht besonders ausgeprägt. Allerdings weist die Anatomie unseres Darms auf

Tierisches in vegetarischen Produkten?

Gemüsebrühe	Milchprodukte
Gewürzmischungen	Milchprodukte
Margarine	Milchprodukte, tierische Fette
Schokoladenerzeugnisse	Milchprodukte, Blutplasma
Schokoladenüberzugsmasse	Molkereierzeugnisse
Gummibärchen	Gelatine (Knochenmehl)
Geleefrüchte	Gelatine (Knochenmehl)
Sojafertigprodukte	Milchprodukte, Eiweiß
Pflanzliche Pasteten	Milchprodukte
Pesto	Käse
Vega Vita Glutenpulver	Milcheiweiß
Mayonnaisen	Milchprodukte, Ei
Vollkornknabbereien	Milchprodukte
Vollkorngebäck/Kekse	Milchprodukte, Ei
Pflanzlicher Kaffeeweißer	Milchprodukte
Kosmetik/Seifen	Tierische Fette, Produkte aus der Kadaververwertung
Medikamentkapseln	Gelatine (Knochenmehl)

Tiere, die reine Fleischfresser sind, können, anders als wir Menschen, Harnsäure abbauen. Bei einer Anhäufung von Harnsäurekristallen in den menschlichen Gelenken sprechen wir von Gicht.

eine Vorliebe für pflanzliche Kost hin. Diese Vorliebe wird dadurch bestätigt, dass der Mensch – anders als reine Fleischfresser – das lebensnotwendige Vitamin C nicht selbst bilden kann, sondern nur dann ausreichend aufnehmen kann, wenn er genug Obst und Gemüse isst. Spurenelementeuntersuchungen menschlicher Knochen beweisen jedoch, dass es auch Phasen gegeben hat, in denen der Mensch mehr Fleisch gegessen hat und größer war als in Epochen, in denen hauptsächlich Pflanzliches auf dem Speiseplan stand.

Fleisch ist nicht gleich Fleisch

Wer aber daraus schließt, dass Fleisch den Menschen groß und stark macht, irrt. Denn sicher ist, dass das Fleisch der Wildtiere früherer Epochen eine andere

Immer noch besser als Fleisch aus der Massentierhaltung: Die im Wildfleisch enthaltenen Fette sind von einer für den menschlichen Organismus günstigeren Zusammensetzung als die der Zuchttiere.

Qualität hatte als das, was wir heute beim Metzger kaufen. Untersuchungen an Stämmen, die noch heute in den gleichen Verhältnissen leben wie archaische Kulturen, ermöglichen gute Vergleiche: Unsere Schlachttiere enthalten deutlich mehr Fett.

Ihr Fleisch ist auch in Bezug auf seine Nährstoffe von schlechterer Zusammensetzung. Dazu kommt, dass wir viel weniger Spurenelemente, Vitamine und Mineralstoffe aufnehmen als zum Ausgleich für einen üppigen Fleischverzehr notwendig wäre.

Der Cholesteringehalt von Wildfleisch entspricht zwar in etwa dem unseres Schlachtviehs, das darin enthaltene Fett ist jedoch von anderer Zusammensetzung. Im Gegensatz zum Wildfleisch enthält unser heutiges Schlachtfleisch kaum noch mehrfach ungesättigte Fettsäuren (siehe zum Thema »Cholesterin« auch Seite 43).

Zwar konnten die Menschen mit der Nutzung des Feuers Fleisch besser genießbar machen, trotzdem spielte Fleisch in ihrer Ernährung eine eher untergeordnete Rolle. Der Genuss von Fleisch diente in grauer Vorzeit oftmals rituellen Handlungen.

Die Wurzeln der vegetarischen Küche

Wenn auch heute immer mehr Menschen ohne Fleisch und tierische Produkte leben wollen, so ist die vegetarische Bewegung keine Erfindung der Neuzeit.

Zum einen stand und steht in verschiedenen Regionen der Welt und zu verschiedenen Zeiten der geschichtlichen Entwicklung Fleisch den einfachen Menschen gar nicht oder nur in sehr begrenzten Mengen zur Verfügung. Im europäischen Mittelalter konnte sich beispielsweise nur der Adel oder die kirchliche Oberschicht den Luxus leisten, regelmäßig frisches Fleisch auf den Tisch zu bringen. Die Bauern hingegen nutzten Pferde und Ochsen für die Feldarbeit, die Schafe lieferten Wolle für die Kleidung. Das Töten von Nutztieren zum Zweck der Ernährung war unwirtschaftlich.

Buddhismus und Hinduismus

Zum anderen lehnen insbesondere asiatische Philosophien und Religionen wie Hinduismus, Buddhismus und Jainismus das Töten und Verzehren von Tieren ab. Der Grundsatz des »Ahimsa« stammt aus dem Buddhismus und besagt, dass kein Lebewesen zum Nutzen eines anderen verletzt werden sollte. Dazu gehört das wissentliche Töten eines Tieres zum Zweck der Ernährung. Kein Wunder, dass sich in China, Thailand oder Indien eine besonders reichhaltige Gemüse- und Getreideküche entwickelte.

Nahrungsmittel waren zu früheren Zeiten auch Prestigegüter, die weniger nach gesundheitlichen Kriterien ausgewählt wurden, sondern nach Preis und Zugänglichkeit.

Die großen Denker

In Europa gilt Pythagoras als der früheste Verfechter bewusst fleischloser Ernährung. Der im 6. Jahrhundert v. Chr. lebende griechische Philosoph sagte: »Solange der Mensch Tiere schlachtet, wird er auch Menschen töten.« Auch Seneca und der Mediziner Hippokrates lehnten fleischliche Kost entschieden ab. Später hielten Leonardo da Vinci, Voltaire und Rousseau in Frankreich genauso wie Leo Tolstoi in Russland, aber auch Albert Schweizer und Richard Wagner wenig vom Fleischverzehr. Vor etwa 150 Jahren begannen sich in den USA Gruppen von Vegetariern zu formieren. Von dort schwappte die Bewegung nach England über, wo sich 1850 Bünde zusammenschlossen, die eine fleischlose, gemüsebetonte, gesündere und enthaltsamere Lebensweise befürworteten. Das christliche Gebot »Du sollst nicht töten« wurde dabei auch auf Tiere angewandt. Heute ernähren sich mehr und mehr Menschen vegetarisch, nicht nur weil sie es für gesünder halten, sondern auch, weil das Bewusstsein für unsere Verantwortung den Tieren gegenüber gewachsen ist.

Grundelemente der Nahrung

Die Hauptnährstoffe Eiweiß, Fett und Kohlenhydrate, die Vitalstoffe und Ballaststoffe sind die Grundelemente unserer Nahrung. Sie liefern unserem Organismus die lebensnotwendige Energie und halten ihn gesund, vorausgesetzt, dass wir bei der Zusammenstellung unserer Kost die richtige Auswahl treffen.
Was früher als richtig galt und zum Teil auch lebenswichtig war, hat in der heutigen Zeit eine ganz andere Dimension angenommen. Jahrelange Forschungen auf dem Ernährungssektor machten mal die Kohlenhydrate, mal die Fette, mal den Zuckerkonsum für die zunehmende Verbreitung der so genannten Zivilisationskrankheiten verantwortlich. Heute weiß man, dass eine ausgewogene Ernährung auch ohne den regelmäßigen Verzehr von Fleisch, Fisch und sonstigen tierischen Produkten möglich ist.

Die Japaner ergänzten die kulinarische Vielfalt der grünen Küche um ausgezeichnete Tofugerichte.

Eiweiß

20 Prozent der Trockensubstanz jeder Zelle, ganz gleich ob pflanzlich, mikrobiell oder tierisch, bestehen aus Eiweiß. Daher wird Eiweiß in der Sprache der Fachleute auch als Protein bezeichnet (in der griechischen Sprache bedeutet »proteios« der Erste). Pflanzliches Eiweiß ist für unseren Organismus mindestens ebenso wertvoll wie tierisches, besonders dann, wenn bei der täglichen Ernährung verschiedene pflanzliche Lebensmittel auf geschickte Weise miteinander kombiniert werden. Wenn man rein pflanzliche Nahrungsmittel durch Milch- und Sauermilchprodukte ergänzt, so erhöht sich dadurch ihr biologischer Wert.

Funktion der Eiweiße

Die Proteine haben im Körper viele Aufgaben:

- Sie bilden das Strukturgerüst der Zelle und bestimmen ihre Form.
- Sie sind die Hauptbestandteile der Enzyme, also der Moleküle, die den Zellstoffwechsel in Gang halten und steuern.
- Sie fungieren als Hormone.
- Sie spielen eine wichtige Rolle als Transportmoleküle.
- Mit ihrem Wasserbindungsvermögen tragen sie zur Regulierung des Flüssigkeitshaushalts bei.
- Wenn der Körper nicht ausreichend mit Kohlenhydraten versorgt ist, dienen sie als Brennstoff für den Energiestoffwechsel.
- Sie helfen, den pH-Wert der Körperflüssigkeiten relativ konstant zu halten.

Der relativ konstante pH-Wert der Körperflüssigkeiten ist sehr wichtig, da alle biochemischen Reaktionen in unserem Körper in der Regel nur bei einem bestimmten pH-Wert optimal ablaufen.

Struktur der Proteine

Die Proteine sind Makromoleküle: Sie bestehen aus zahlreichen Bausteinen, den einzelnen Aminosäuren. Neben den Aminosäuren können andere Stoffe wie z. B. Zuckermoleküle in die Eiweißkörper eingebaut sein. Man spricht dann von Proteiden. Unter dem Einfluss verschiedener Enzyme werden im Darm die Eiweiße aus der Nahrung in Aminosäuren zerlegt.

Essenzielle Aminosäuren

Von den 20 Aminosäuren, die für den Aufbau der Körperproteine zur Verfügung stehen, können acht nicht vom menschlichen Organismus aufgebaut werden. Sie sind aber lebensnotwendig und werden daher als essenzielle Aminosäuren bezeichnet. Sie müssen mit der Nahrung vom Körper aufgenommen werden. Fehlt nur eine dieser essenziellen Aminosäuren, können die körpereigenen Eiweiße nicht aufgebaut werden. Ist dies über einen längeren Zeitraum der Fall, reagiert der Körper mit Stoffwechselstörungen.

Die Folgen sind gesundheitliche Schäden:

- Stoffwechselstörungen durch Enzymmangel
- Regulationsstörungen infolge von Hormonmangel
- Resorptionsstörungen durch den Mangel an Transportmolekülen
- Ödeme durch Flüssigkeitsübertritt ins Gewebe infolge mangelnder Wasserbindung durch Bluteiweiß
- pH-Wert-Verschiebung durch Bluteiweiße

Eiweiß ist sehr hitzeempfindlich. Schon bei 40 bis 50 °C wird die Struktur der meisten Eiweißstoffe stark verändert.

Vollständige und unvollständige Proteine

Im Pflanzenreich sind es nur die Bluegreen-Algen, die alle essenziellen Aminosäuren bieten, während tierisches Protein das gesamte Spektrum, die so genannten kompletten Proteine, enthält. Man nennt pflanzliche Eiweiße deshalb auch inkomplette Proteine. Trotzdem kann eine rein pflanzliche Ernährung ausreichen.

Die Eiweißversorgung für Veganer

Durch geschickte Kombination verschiedener pflanzlicher Nahrungsmittel kann das Spektrum der Aminosäuren komplettiert werden. Damit wird der Körper auch bei einer rein pflanzlichen Ernährung mit allen essenziellen Proteinen versorgt.

Voraussetzung ist allerdings, dass die entsprechenden Nahrungsmittel aus der Veganküche innerhalb von drei Stunden zusammenkommen, sonst werden die bereits aufgenommenen Aminosäuren unverarbeitet abgebaut und ausgeschieden.

Um Mangelerscheinungen zu vermeiden, ist es jedoch nicht nötig, zu jeder Mahlzeit beispielsweise Hülsen-

Diese Kombination sollten Sie sich merken

Kombinationen aus den folgenden Vegannahrungsmitteln enthalten alle essenziellen Aminosäuren:

- Hülsenfrüchte (Leguminosen) mit Reis, Weizen, Roggen
- Mais/Maisprodukte mit Soja/Sojaprodukten (Tofu)
- Weizen mit Erdnüssen oder Hefeflocken
- Hafer mit Erdnüssen

Heute wird in der Bundesrepublik mit 130 bis 150 Gramm pro Tag und Person zu viel Fett gegessen. Nur 25 Prozent der täglichen Gesamtenergiemenge sollte aus Fett bestehen. Der Bedarf liegt gemäß der Deutschen Gesellschaft für Ernährung (DGE) je nach Körperbau zwischen 60 und 80 Gramm.

früchte mit Reis zu kombinieren. In Zeiten, in denen zusätzlich neue Zellen aufgebaut werden, etwa in der Schwangerschaft, während der Stillzeit, in der Wachstumsphase und in Phasen der Rekonvaleszenz, ist es allerdings sehr zu empfehlen, die vorgeschlagenen Lebensmittelkombinationen jeweils in einer Mahlzeit zu sich zu nehmen.

Fett

Ohne Fett im Gewebe würden wir uns bei jedem Stoß oder Sturz die Knochen brechen, die Haut würde spröde werden, und auch Kälte könnte vom Organismus nicht abgewehrt werden. Empfindliche Organe wie das Gehirn, die Nieren oder die Augäpfel sind zum Schutz vor Druck und Stößen in einen extra stabilen Fettmantel eingehüllt.

Auch für den Stoffwechsel wird Fett benötigt: Die so genannten fettlöslichen Vitamine A, D, E und K sind für unseren Körper lebensnotwendig, benötigen aber Fette, um vom menschlichen Organismus aufgenommen und verwertet werden zu können.

Die Aufgaben von Fett

Fett ist für den Körper wichtig als

- Energielieferant
- Bestandteil der Zellmembran
- Ausgangsprodukt für wichtige Vitalstoffe
- Wärme- und mechanischer Schutz
- Träger von fettlöslichen Vitaminen
- Träger von Aroma- und Geschmacksstoffen

Der Fettbaukasten

Einfach und mehrfach ungesättigte Fettsäuren
Einfach ungesättigte Fettsäuren finden wir in Olivenöl oder Rapsöl. Die wichtigsten mehrfach ungesättigten Fettsäuren sind Linolensäure (Omega-6-Fettsäure) und Linolsäure (Omega-3-Fettsäure). Sie sind in zahlreichen pflanzlichen Ölen enthalten. So sind Leinöl, Rapsöl und Sojaöl reich an Linolensäure. Linolsäure finden wir in Sonnenblumenöl, Distelöl, Nachtkerzenöl oder Maiskeimöl.

Essenzielle Fettsäuren
Sowohl Linolensäure als auch Linolsäure können vom Organismus nicht selbst gebildet werden. Man bezeichnet sie daher auch als essenzielle Fettsäuren. Sie müssen dem menschlichen Organismus regelmäßig über die Nahrung zugeführt werden.

Gesättigte Fettsäuren und Transfettsäuren
Vorwiegend in Butter kommt die Palmitinsäure vor. Sie ist ein typischer Vertreter der gesättigten Fettsäuren. Transfettsäuren hingegen entstehen bei der Margarineherstellung durch die Härtung und Umesterung von Pflanzenfetten.

Grundsätzlich gilt: Je flüssiger ein Fett ist, desto mehr ungesättigte Fettsäuren enthält es – dies gilt für fast alle Pflanzenöle. Harte Plattenfette, Butter oder Milchprodukte haben dagegen mehr gesättigte Fettsäuren.

Die Struktur

Aus chemischer Sicht gibt es im Prinzip keinen Unterschied zwischen den einzelnen Fettarten. Ob das Fett pflanzlich, tierisch, fest, flüssig oder halbfest ist, es besteht immer aus Glyzerin und Fettsäuren. Je nach Kettenlänge der Fettsäuren und der Anzahl chemischer Doppelbindungen unterscheidet man kurz-, mittel- oder langkettige Fettsäuren. Anders formuliert, handelt es sich um gesättigte, einfach ungesättigte oder mehrfach ungesättigte Fettsäuren. Dabei ist der Anteil der Doppelbindungen nicht nur maßgeblich für die Konsistenz, sondern auch für die Verdaulichkeit der Fette.

Man sollte versuchen, die Zufuhr von Transfettsäuren so niedrig wie möglich zu halten; denn bezüglich ihrer Einwirkung auf den Cholesterinspiegel sind Transfettsäuren mit gesättigten Fettsäuren vergleichbar.

Wie viel Fett darf sein?

Als Richtwert für die Fettzufuhr werden für Erwachsene 25 bis 30 Prozent der täglichen Nahrungsenergie angegeben. Das entspricht z. B. bei einer Gesamtzufuhr von 2000 Kilokalorien pro Tag für eine Frau etwa 60 Gramm Fett. Wobei hier weniger empfehlenswert ist.

Das Verhältnis muss stimmen

Nicht nur die Gesamtfettzufuhr muss stimmen. Auch das Verhältnis von gesättigten, einfach ungesättigten und mehrfach ungesättigten Fettsäuren sollte möglichst ausgeglichen sein. Grundsätzlich gilt die Empfehlung, alle drei Fettsäuren möglichst gleichmäßig aufzunehmen.

Tipps für die Küche

So kompliziert das klingen mag, in der Praxis ist es gar nicht so schwer, diese Richtwerte einzuhalten: Verwenden Sie zum Braten bei hohen Temperaturen Butterschmalz (gesättigte Fettsäure), zum Kochen und Dünsten Oliven- oder Rapsöl (einfach ungesättigte Fettsäure) und für die kalte Küche, für Salate oder aufs Brot, die mehrfach ungesättigten Fettsäuren (Sonnenblumenöl, Margarine). Eine gute Orientierung bietet auch unten stehende Tabelle. Pro 100 Gramm des aufgeführten Fettes sind die jeweils enthaltenen Fettsäuren in Gramm angegeben.

Zu den Fetten und fettähnlichen Substanzen gehören auch wichtige Aromastoffe, Emulgatoren und fettlösliche Farbstoffe.

Fette in der Veganküche

Für Veganer ist es relativ unproblematisch, ihren Bedarf an essenziellen Fettsäuren sowie wichtigen fettlöslichen Stoffen, wie beispielsweise den fettlöslichen Vitaminen, zu decken. Die essenziellen Fettsäuren sind in Distel-, Sonnenblumen-, Soja-, Maiskeim- und Kürbiskernöl enthalten – eine reiche Auswahl, um den Bedarf an essenziellen Fettsäuren auch für Veganer abzudecken.

Fettsäureanteil in ausgewählten Fetten und Ölen

Fette, jeweils 100 Gramm	Anteil der gesättigten Fettsäuren in Gramm	Anteil der einfach ungesättigten Fettsäuren in Gramm	Anteil der ungesättigten Fettsäuren in Gramm
Butter	50	23	3
Butterschmalz	54	29	4
Diätmargarine	17	11	4
Distelöl	10	12	75
Kokosfett	87	7	1
Leinöl	10	17	72
Maiskeimöl	13	32	51
Margarine	21	29	26
Olivenöl	14	73	9
Palmkernfett	80	13	2
Sonnenblumenöl	12	22	61
Weizenkeimöl	17	16	65

Kohlenhydrate

Eigentlich enthalten alle unsere Nahrungsmittel Kohlenhydrate. Zucker, Stärke und Zellulose sind die bekanntesten Kohlenhydrate.

- Zucker ist der übliche Haushaltszucker, Traubenzucker, Fruchtzucker, Milch- und Malzzucker. Er ist aber auch in Obst, Gemüse, Honig, Konfitüre etc. enthalten.
- Stärke ist vor allem in Getreide und Hülsenfrüchten sowie in Kartoffeln zu finden. Alle Getreideerzeugnisse aus Mehl, Teigwaren, Haferflocken, Grieß und Reis bestehen zum überwiegenden Teil aus Stärke.
- Zellulose ist kein Nährstoff, der Körper benötigt sie zur Verdauung (siehe auch Seite 24f.).

Zu den Kohlenhydraten gehören sowohl die komplexen Kohlenhydrate (Polysaccharide) wie etwa Stärke als auch verschiedene Zucker sowie die Mono- und Disaccharide Fruktose und Glukose.

Wirkungsweise der Kohlenhydrate

Es ist nicht unwichtig, durch welche Kohlenhydrate der Energiebedarf gedeckt wird. Die wertvollsten Kohlenhydratlieferanten sind pflanzliche Lebensmittel. Wichtig ist, dass sie als »natürliches Ganzes« zugeführt werden. Sie sollten noch mit allen Vitalstoffen (Vitaminen, Mineralstoffen, Spurenelementen, Enzymen und Aromastoffen) verbunden sein. Bei Obst, Gemüse und Kartoffeln ist das in der Regel der Fall. Eine Zeit lang galt es als Ausdruck von höherer Lebensqualität, den Keim und die Randschichten des Getreides quasi als Abfallprodukt zu entfernen. Damit wurde aber der größte Teil der lebenswichtigen Vitalstoffe – vor allem die Vitamine des B-Komplexes – entfernt. Übrig blieben die isolierten Kohlenhydrate in Form von hellen Weizen- und Roggenauszugsmehlen, Stärkemehlen und poliertem Reis. Der Rückgang des Verbrauchs an Vollkornerzeugnissen führte u.a. zu einer kritischen Versorgung der Bevölkerung mit dem Vitamin B1.

Zucker

Auch der Zucker ist ein isoliertes Kohlenhydrat. Zahlreiche Ärzte und Ernährungswissenschaftler sind der Ansicht, dass Industriezucker eine der Hauptursachen vieler Zivilisationskrankheiten ist; damit sind sowohl der weiße Haushaltszucker als auch alle anderen isolierten Zuckerarten wie Milchzucker, Kandiszucker und Fruchtzucker gemeint. Zwar sind die verschiedenen Zuckerarten auch in vielen natürlichen Lebensmitteln enthalten, doch sind sie dort mit den zu ihrer Aufschließung notwendigen Vitalstoffen verbunden. Bei der Herstellung des Industriezuckers werden die Vitalstoffe aus ihrer natürlichen Bindung gelöst und vernichtet. Übrig bleibt der reine Zucker, der keine Vitamine, Mineralstoffe oder Spurenelemente mehr enthält.

Alle Kohlenhydrate bestehen aus Kohlenstoff, Wasserstoff und Sauerstoff. Sie werden vom Körper als Brennstoff zur Energiegewinnung gebraucht.

Um den Zucker abzubauen, braucht der Organismus u. a. Vitamin B1, Kalk und weitere Mineralstoffe, die wir normalerweise nur in kleinen Dosen zu uns nehmen (in Vollgetreide sind sie reichlich enthalten). Der Körper muss also zum Abbau von Industriezucker und Auszugsmehlen auf Reserven zurückgreifen. Der höhere Zuckerverbrauch führt außerdem oft zu Übergewicht, da nicht verbrauchte Kohlenhydrate im Körper in Fett umgewandelt werden.

Warnzeichen für einen Mangel an Vitamin B1

- Aggressivität
- Depressive Verstimmungen
- Nervenschwäche
- Konzentrationsmangel
- Appetitmangel und Müdigkeit

Wie viel Energie steckt drin?

Kalorien sind zu einem meist negativ besetzten Wort geworden, mit dem man leicht schlechte Stimmung auf Partys, bei Festessen oder den kleinen Naschereien zwischendurch machen kann. Die Auswüchse einer Modenorm, die die superdünne Körperlinie bevorzugt, haben dazu geführt, dass Kalorien zum Horrorvokabular unserer Zeit geworden sind. Dabei haben auch die Kalorien durchaus ihre guten Seiten.

Zur Aufrechterhaltung aller Körperfunktionen benötigt der Mensch grundsätzlich weniger Fett als Kohlenhydrate oder Eiweiß. Außerdem liefern die Nährstoffe unterschiedlich viel Energie:

- 1 Gramm Fett liefert ca. 9 Kilokalorien Energie
- 1 Gramm Eiweiß liefert ca. 4 Kilokalorien Energie
- 1 Gramm Kohlenhydrate liefert ca. 4 Kilokalorien Energie

Auf vollen Touren oder mit halber Kraft

Die Nahrung versorgt den menschlichen Organismus wie einen Verbrennungsmotor mit Energie. Um die Körperfunktionen aufrecht zu erhalten, unterscheidet man zwischen Grundumsatz, Erhaltungsumsatz und Leistungsumsatz.

- Als Grundumsatz bezeichnet man die Energiemenge, die zur Erhaltung aller grundlegenden Körperfunktionen in Ruhe benötigt wird. Ohne diese Funktionen – Durchblutung, Herzschlag, Atmung – könnte der Mensch nicht leben.
- Mit Erhaltungsumsatz ist der Energieverbrauch gemeint, den wir für Betätigungen wie Stehen, Gehen, Kauen und Sitzen verbrauchen.
- Der Leistungsumsatz bezeichnet den Energieverbrauch, den wir bei Sport, schwerer körperlicher Arbeit oder in der Schwangerschaft über den Grund- und Erhaltungsumsatz hinaus benötigen.

Wie viel Energie benötigt wer?

Für den Grundumsatz benötigt ein Mensch pro Gramm Körpergewicht und Stunde prinzipiell etwa eine Kilokalorie Energie. Für die Berechnung Ihres Gesamtenergiebedarfs pro Tag gibt es nur Richtwerte, weil der persönliche Energiebedarf von vielen

Faktoren abhängt. Ist beispielsweise bei einem Menschen der Fettanteil der Körpermasse höher, beim anderen der Muskelanteil, nimmt der erstere (bei gleicher Nahrungsmenge und Qualität) zu; denn er braucht grundsätzlich weniger Kalorien.

Alter und Geschlecht spielen eine Rolle

Außerdem gilt zu beachten, dass bei Frauen der Grundumsatz grundsätzlich niedriger ist. Das liegt wiederum an dem unterschiedlichen Verhältnis von Fett und Muskelmasse. Männer haben mehr Muskelgewebe und weniger Fettgewebe als Frauen. Bei beiden Geschlechtern nimmt außerdem der Grundumsatz im Alter um etwa 20 Prozent ab, da die Stoffwechselvorgänge langsamer werden.

Achtung – Mehrbedarf!

Für mittelschwere Arbeit müssen etwa 600 Kilokalorien, für schwere Arbeit 1200 und für Schwerstarbeit 1600 Kilokalorien aufgenommen werden. Schwangere benötigen ca. 300 Kilokalorien mehr, stillende Frauen bis zu 650 Kilokalorien zusätzlich.

Richtwerte für Ihren Kalorienbedarf

Die angegebenen Werte (Kilokalorien) berücksichtigen die Empfehlungen der Deutschen Gesellschaft für Ernährung und gehen von einer leichten, überwiegend sitzenden Tätigkeit aus.

Alter	Frauen	Männer
Bis zu 4 Monaten	550	550
Bis zu 1 Jahr	800	800
Bis zu 4 Jahren	1300	1300
Bis zu 7 Jahren	1800	1800
Bis zu 10 Jahren	2000	2000
Bis zu 13 Jahren	2150	2250
Bis zu 15 Jahren	2300	2500
Bis zu 19 Jahren	2400	3000
Bis zu 25 Jahren	2200	2600
Bis zu 51 Jahren	1800	2200
Bis zu 65 Jahren	1700	1900
Über 65 Jahren	1700	1900

Warum wir Kohlenhydrate brauchen

Die große Gruppe der Kohlenhydrate umfasst auch die unverdaulichen Ballaststoffe sowie verdauliche Einfach-, Zweifach- und Mehrfachzucker. Besonders wertvoll sind die Ballaststoffe und Mehrfachzucker, die langsam im Körper abgebaut werden. Grundsätzlich gehören Kohlenhydrate zu den Grundpfeilern der Ernährung. Es wird empfohlen, etwa 45 bis 65 Prozent der Nahrungsenergie durch Kohlenhydrate zu decken. Nach Möglichkeit sollen Getreideerzeugnisse, Kartoffeln, Obst und Gemüse die benötigten Kohlenhydrate liefern. Alle Getreideerzeugnisse, die aus vollem Korn hergestellt werden, enthalten außer Stärke und Zellulose wichtige Mineralstoffe, beispielsweise Kalzium, Phosphor und Eisen sowie Vitamine. Kartoffeln, Obst und Gemüse sind ebenfalls reich an wichtigen Mineralstoffen und Vitaminen.

Was wir essen, sollte nach etwa 14 Stunden verarbeitet und wieder draußen sein. Damit das so reibungslos abläuft, brauchen wir Ballaststoffe – z. B. die Fasern, Schalen und Zellwände von Pflanzen –, die bei ihrer Passage die Nervenenden im Darm anregen und den ganzen Verdauungsapparat in Gang bringen.

Ballaststoffe

Die Ballaststoffe gehören eigentlich zur Gruppe der Kohlenhydrate, sie sind jedoch für den menschlichen Organismus unverdaulich. Zu ihnen gehören u.a. die Zellulose, die Hemizellulose, Pektine und Lignin. Für eine vollwertige Ernährung sind die Ballaststoffe unersetzlich. Sie regen die Darmperistaltik an, das wiederum fördert die Verdauung und beschleunigt die Darmpassage. Dank ihrer hohen Quellfähigkeit füllen sie Magen und Darm, machen für längere Zeit satt und regen den Darm zu stärkerer Aktivität an. Ballaststoffreiche Vollkornnahrung beugt auch dem Dickdarmkrebs vor. Sie bindet die im Darm befindlichen Gifte und passiert die Verdauungswege zwei- bis dreimal so schnell wie die

Wer seinem Darm etwas Gutes tun will, isst Kartoffeln und Vollkornprodukte. Sie enthalten viele Ballaststoffe.

»verfeinerte« ballaststoffarme Zivilisationskost. Außerdem benötigt ein Teil unserer Darmflora die Ballaststoffe als Nahrung. Die Zellulose wird von den Darmbakterien aufgeschlossen; so können die darin gebundenen Mineralien wie z.B. Kalzium, Magnesium, Natrium, Kieselsäure oder Zink vom menschlichen Organismus verwertet werden.

Folgen der Ernährung mit zu viel Auszugsmehl und Industriezucker können Übergewicht, Karies, chronische Verstopfung, Darmkrebs, Venenleiden, Arteriosklerose und andere so genannte Zivilisationskrankheiten sein.

Ballaststoffe in der Veganküche

Die Veganküche verfügt über eine Fülle an Kohlenhydraten und auch an Ballaststoffen. So enthalten Kartoffeln, Getreide und Hülsenfrüchte reichlich Stärke. Obst, insbesondere Beerenobst, Gemüse und Hülsenfrüchte enthalten Zellulose, Pektin und Lignin. Die empfohlene Menge von täglich 35 Gramm an Ballaststoffen nehmen Sie am einfachsten und gesündesten zu sich, wenn Sie täglich von allen vier Ballaststoffgruppen (Getreide, Rohkost, Obst, Gemüse) essen.

Vitalstoffe

Zu den Vitalstoffen zählen eine ganze Reihe von Wirkstoffen, die für den Orgnismus von größter Bedeutung sind: die Vitamine, Mineralstoffe, Spurenelemente, Enzyme und Aromastoffe. Damit der Körper die Hauptnährstoffe Eiweiß, Fett und Kohlenhydrate in der richtigen Weise aufnehmen kann, müssen diese Vitalstoffe gerade bei einer vegetarischen Ernährung in ausreichender Menge und in einem ausgewogenen Verhältnis zu den Hauptnährstoffen vorhanden sein.

Wie der Name sagt (vita = Leben), sind Vitamine lebensnotwendig für das Wachstum und die Aufrechterhaltung bestimmter Körperfunktionen.

Vitamine

Nur einige Vitamine werden von einer gesunden Darmflora in kleinen Mengen selbst erzeugt, der überwiegende Teil muss mit der Nahrung aufgenommen werden. Die Vitamine werden nach ihren Lösungseigenschaften in die Gruppe der fettlöslichen und in die Gruppe der wasserlöslichen Vitamine aufgeteilt.

- Die fettlöslichen Vitamine sind A, D, E und K.
- Die wasserlöslichen Vitamine sind die Vitamine der B-Gruppe (B1, B2, B6, B12, Niazin, Folsäure, Pantothensäure, Biotin) und Vitamin C.

Jedes Vitamin hat seine besondere Aufgabe. Um diese zu erfüllen, reichen geringe Gewichtsmengen von einem millionstel bzw. tausendstel Gramm pro Tag aus. Allerdings müssen sie dem Körper regelmäßig zugeführt wer den; denn die meisten Vitamine können im Körper nicht oder nur unzureichend gebildet und gespeichert werden. Einen Vorrat an Vitaminen legt der Körper nur bei den fettlöslichen Vitaminen sowie beim wasserlöslichen Vitamin B12 an. Der Speicher für alle anderen wasserlöslichen Vitamine ist sehr klein. Der Bedarf kann immer nur für Tage bis wenige Wochen gedeckt werden.

Vitamine in der Veganküche

Da die Veganküche keine tierischen Produkte zulässt, müssen alle Vitamine durch Pflanzenkost aufgenommen werden. Der Anteil von Obst, Gemüse, Nüssen und Vollkornprodukten ist entsprechend hoch. Wichtig ist der Genuss von viel rohem, möglichst erntefrischem Gemüse und Obst, weil beim Kochen und durch Lagerung wertvolle Nährstoffe zerstört werden.

Vitamine – fett- und wasserlöslich

Fettlösliche Vitamine

Vitamin A fördert Wachstum und Sehkraft, trägt zur Infektionsabwehr bei. Vegetarische Lieferanten sind Butter, vitaminisierte Margarine und Käse. Gemüse und Obst liefern Karotin, die Vorstufe des Vitamin A.

Vitamin D dient dem Knochenaufbau. Es kommt in Butter, Milch und vitaminisierter Margarine vor.

Vitamin K ist erforderlich für die Bildung der Blutgerinnungsfaktoren. Es findet sich vor allem in grünem Blattgemüse, Weizenkeimen und Lezithin.

Vitamin E bekämpft freie Radikale, schützt die roten Blutkörperchen und unterstützt die Zellatmung. Es findet sich vor allem in kaltgepressten Pflanzenölen, Wal- und Erdnüssen.

Wasserlösliche Vitamine

B1 ist wichtig für die Kohlenhydrateverwertung und die Nervenfunktion. Enthalten in Vollkornprodukte und Hülsenfrüchten.

B2 findet sich in Gemüse, Kartoffeln Milchprodukten und Getreide. Bei schlechter Versorgung kommt es zu Haut- und Schleimhautentzündungen und zur Wachstumshemmung.

B6 ist nötig zur Eiweißverwertung. Dunkles Brot, Kartoffeln, Blattgemüse sind B6-Lieferanten.

Folsäure dient der Blutbildung. Quellen sind Getreide, Kartoffeln, Gemüse und Zitrusfrüchte.

Niazin wird zur Verwertung von Kohlenhydraten, Fett und Eiweiß gebraucht. Die wichtigsten Quellen sind Kartoffeln und Getreideerzeugnisse.

Vitamin C stärkt die Infektionsabwehr, fördert Wundheilung und Leistungsfähigkeit. Zur Vitamin-C-Versorgung tragen Obst, besonders Zitrusfrüchte und Beerenobst, Gemüse und Kartoffeln bei.

Die Schwachstelle Vitamin B12

Vitamin B12 ist wichtig für Gehirn und Nervensystem, Wachstum und Bau roter Blutkörperchen, Knochenbau, Fettverwertung, Muskelarbeit, Lebensfreude, Optimismus, geistige Frische, Energie- und Eisenstoffwechsel.

Ein kritischer Punkt in der Vitaminversorgung der Veganer ist das Vitamin B12, das fast aussschließlich in tierischen Produkten zu finden ist. Vitamin B12 kommt in keiner Pflanze vor. Trotzdem hat die Natur vorgesorgt, um auch bei rein pflanzlicher Ernährung einen Mangel zu verhindern. Dabei helfen Mikroorganismen, die in Verbindung mit Pflanzen Spuren von Vitamin B12 erzeugen. Diese entstehen bei der Milchsäuregärung und bei verschiedenen Fermentationsprozessen. Bei den Hülsenfrüchten werden durch eine Symbiose zwischen Pflanze und Mikroorganismus ebenfalls Spuren von Vitamin B12 erzeugt. Werden dem Organismus diese Spuren angeboten, dann ist der Körper in der Lage, das Vitamin selbst herzustellen.

Hilfen bei Resorptionsstörungen

Die Aufnahme von Vitamin B12 wird verbessert, wenn genügend Folsäure vorhanden ist. Außerdem ist Vitamin B12 sehr hitzeempfindlich. Voraussetzung für die Erzeugung von Vitamin B12 ist auch ein gesunder Darm.

▶ Vermeiden Sie daher einen hohen Anteil raffinierter Kohlenhydrate (Zucker und Auszugsmehle) in Ihrer Nahrung.

▶ Verzichten Sie möglichst auf die gleichzeitige Aufnahme von Zucker und Getreide.

Spuren von Vitamin B12 sind enthalten in

- Allen milchsauren Gemüsesorten wie Sauerkraut und Mixedpickles
- Fermentierten Sojaprodukten wie Miso, Tamari, Shoju und Tempeh

▶ Vermeiden Sie größere Mengen an konzentriertem Eiweiß.
▶ Trinken Sie zwei bis drei Liter Flüssigkeit am Tag.
▶ Seien Sie sparsam im Umgang mit Kaffee, Tee, Nikotin und Alkohol.

Durch schonende küchentechnische Bearbeitung ist die Gefahr eines Vitaminverlusts zu verringern. Deshalb sollte man Nahrungsmittel kühl lagern und z. B. langes Wässern nach dem Gemüseputzen und Zerkleinern vermeiden. Auch sollte man kurze Garzeiten bevorzugen und fertige Speisen nicht lange warm halten.

Mineralstoffe

Der Körper kann Mineralstoffe selbst nicht bilden, sie müssen daher ausnahmslos mit der Nahrung zugeführt werden. Der Verzehr von viel frischem Obst, rohem Gemüse, Nüssen, gekeimtem Getreide, Vollkornprodukten und Hülsenfrüchten ist die beste Möglichkeit, dem Körper die erforderlichen Mineralien zuzuführen.
Wichtig ist dabei auch die Herkunft der Nahrungsmittel: Sie sollten immer möglichst frisch sein und bestenfalls aus kontrolliert biologischem Anbau (Bodenbeschaffenheit) stammen. Kochsud und Einweichwasser von Kartoffeln, Hülsenfrüchten und Getreide sollten unbedingt mitverwendet werden, weil ein Teil der wertvollen Mineralien beim Kochen ausgeschwemmt wird.

Mengenelemente und Spurenelemente

Entsprechend ihrer Konzentration im Körper und der vom Organismus benötigten Menge unterscheidet man zwischen Mengenelementen und Spurenelementen.

Mengenelemente	Spurenelemente
Kalzium, Phosphor,	Eisen, Jod, Fluor, Mangan,
Kalium, Chlor,	Kupfer, Zink, Kobalt, Nickel,
Natrium, Schwefel	Chrom, Selen, Silizium,
Magnesium	Vanandium, Molybdän

Mengenelemente kommen im Körper in hohen Konzentrationen vor und werden täglich in Grammmengen benötigt. Spurenelemente treten hingegen nur in relativ geringen Konzentrationen im Körper auf, deshalb sind nur millionstel bis tausendstel Grammmengen pro Tag nötig, um den Bedarf zu decken.

Mineralstoffe haben vielfältige Funktionen

- Sie fungieren als Bausteine bestimmter Körpersubstanzen. So dienen sie etwa als Baumaterial der Knochen, Knorpelsubstanz und Zähne.
- Sie dienen als Elektrolyte.
- Sie sind Bestandteile von Enzymen.
- Sie aktivieren zahlreiche Stoffwechselreaktionen.
- Sie spielen eine wichtige Rolle bei der Reizübertragung in Nerven- und Muskelzellen.
- Sie tragen zum Geschmack bei (Salz).
- Sie fördern oder bremsen biochemische Reaktionen beim Kochen.
- Sie beeinflussen die Konsistenz der Nahrung.

Sieben Mineralstoffe braucht der menschliche Körper: Kalzium, Phosphor, Magnesium, Natrium, Kalium, Chlor und Schwefel. Keines dieser Elemente kann der Körper selbst herstellen, sie müssen alle mit der Nahrung aufgenommen werden.

Mineralstoffe in der Veganküche

Für Veganer gibt es bei der Versorgung mit Mineralstoffen vier Schwachstellen zu beachten: Die Versorgung mit Kalzium und Eisen sowie mit den Spurenelementen Jod und Zink ist nur durch geschickte Kombination der Lebensmittel gewährleistet.

Kalzium

Während bei der lakto-vegetabilen Ernährung Milch und Milchprodukte das nötige Kalzium liefern, müssen Veganer ihren Kalziumbedarf ausschließlich mit pflanzlichen Lebensmitteln decken. Der Tagesbedarf liegt hierfür bei durchschnittlich 800 Milligramm. Schwange-

Milch und Milchprodukte gelten als Kalziumlieferanten Nummer eins. Veganer sind auch hier auf pflanzliche Lebensmittel angewiesen.

re und stillende Frauen, Säuglinge und Kleinkinder sowie Frauen in der Menopause haben einen erhöhten Kalziumbedarf. Stillende Frauen benötigen etwa 1300 Milligramm.

Bevorzugen Sie Hafer, Gerste und Weizen gegenüber Roggen; denn Roggen enthält vergleichsweise viel Phytinsäure, die wertvolles Kalzium bindet und unbrauchbar macht.

Zucker und Phytinsäure – die Kalziumkiller

Kalzium wird beim Verdauen zuckerhaltiger Nahrungsmittel in hohen Dosen benötigt: Im Zuckerstoffwechsel entstehen Säuren, die durch Kalzium gebunden werden. Wird durch die Nahrung nicht genügend Kalzium mitgeliefert, muss der Körper zum Ausgleich gespeichertes Kalzium abgeben. Im natürlichen Verbund, beispielsweise als Zuckerrohr, Melasse, Ahornsirup, Reismalz oder Gerstenmalz, wird das benötigte Kalzium in ausreichender Menge mitgeliefert. Bei überwiegender Ernährung auf Getreidebasis könnte ebenfalls ein Kal-

Wann muss Kalzium zugesetzt werden?

- Bei schwangeren oder stillenden Frauen, bei Kindern und Säuglingen und bei Frauen in der Menopause, wenn erhöhter Kalziumbedarf besteht.
- Wenn frisches Blattgemüse und Kräuter nicht ausreichend zur Verfügung stehen.
- Wenn bei Störungen des Verdauungstrakts die Aufnahme von Mineralstoffen kritisch ist.
- Wenn Medikamente eingenommen werden, die Kalzium verbrauchen.
- Wenn auf Dauer zu viel phosphathaltige oder zuckerhaltige Nahrung gegessen wird.

ziummangel auftreten. Ursache ist die in den Randschichten des Getreides befindliche Phytinsäure, die ebenfalls Kalzium bindet.

Veganer benötigen weniger Kalzium

Mit dem Verzehr von hohen Eiweißmengen in Form von Fisch, Fleisch und Käse nehmen Mischköstler gleichzeitig eine viel zu große Menge an Phosphor auf, und zwar bis zu 1900 Milligramm pro Tag, wobei die empfohlene Tagesmenge bei ungefähr 800 Milligramm liegt.

Gute Kalziumlieferanten sind: Mohn und Sesam, Sojaprodukte, Gemüse (allen voran Grünkohl, Brokkoli und Mangold) und Kräuter (vor allem Kerbel und Petersilie).

Auch mit konservierter Nahrung werden weitere Phosphate aufgenommen. Überschüssiges Phosphat wird als Kalziumphosphat über die Nieren ausgeschieden. Bei diesem Vorgang wird dem Körper Kalzium entzogen, die Phosphate daran gebunden und abtransportiert.
Man sollte also bevorzugt Nahrungsmittel verwenden, deren Eiweißgehalt möglichst hoch und deren Phosphatanteil zur gleichen Zeit möglichst niedrig ist. Getreide und Hülsenfrüchte sollten daher nur einen Teil des Kalziumbedarfs abdecken. Ein besonders günstiges Verhältnis von Eiweiß und Phosphor weisen Gemüse, Kräuter, Nüsse und Samen auf.

Eisen

In der üblichen westeuropäischen Kost wird der Eisenbedarf vorwiegend durch den Konsum von Fleisch gedeckt. Auch pflanzliche Lebensmittel wie Haferflocken, Vollkornbrot, Sojamehl und Nüsse enthalten hohe Konzentrationen an Eisen. Das Eisen aus pflanzlichen Lebensmitteln wird vom Körper jedoch schwerer aufgenommen als dasjenige von tierischen Produkten. Resorptionsfördernd auf die Eisenaufnahme im Darm wirkt die gleichzeitige Aufnahme von Vitamin C. Deshalb: Immer Vitamin-C-haltiges Gemüse und Obst mit eisenreichem Getreide essen. So kann das Eisen vom Körper optimal verwertet werden. In einer Art Gegenreaktion auf die geringe Eisenzufuhr antwortet der Körper von Vegetariern außerdem mit einer erhöhten Aufnahme von Eisen aus pflanzlichen Produkten.

Hier steckt besonders viel Eisen für Veganer drin

Zahlreiche vegane Nahrungsmittel enthalten besonders viel Eisen:

- Kerne und Samen, besonders Kürbiskerne, Sesam und Mohn
- Schalenfrüchte wie Maronen, Mandeln und Pistazien
- Hülsenfrüchte, wobei schon 100 Gramm Flügel-, Goa- oder Prinzessbohnen den Tagesbedarf decken
- Grünes Gemüse, Mangold, Spinat und Salat
- Wurzelgemüse, vor allem Schwarzwurzeln und Rote Bete, Möhren und Fenchel
- Frische Kräuter, Kresse, Kerbel und Koriander
- Sauerkraut und milchsaures Gemüse
- Pilze und Algen
- Vollkornprodukte
- Sojamehl

Bei erhöhtem Eisenbedarf gehen Sie nicht gleich zur Apotheke, natürliche Nahrungsmittel sind immer künstlichen Gaben von Eisen vorzuziehen. Versuchen Sie es mit folgenden Cocktails, denen Sie jeweils einen Teelöffel Zitronensaft zusetzen sollten:

- **Saft aus Tomaten, Sellerie und Petersilie**
- **Saft aus Sauerkraut und Kerbel**
- **Saft aus Spinat, Löwenzahn und Korianderblättern**

Jod

In Gemüse, Hülsenfrüchten und Getreide ist Jod kaum enthalten. Ein übermäßiger, einseitiger Verzehr von Kohl kann den Bedarf dieses Spurenelements sogar erhöhen. Jod wird für die Bildung und Aktivierung der Vorstufen des Schilddrüsenhormons Thyroxin benötigt. Ein Mangel führt zu einer Störung der Schilddrüsenfunktion. Die empfohlene Tageszufuhr liegt für Erwachsene bei 200 Milligramm. Durchschnittlich wird diese Menge höchstens zur Hälfte gedeckt. Hilfe kommt hier aus dem Meer. Mit Algen ist es leicht, ausreichend Jod aufzunehmen.

Über die Verwendung von jodiertem Speisesalz gibt es geteilte Meinungen; jedenfalls sollte es nicht unüberlegt zum Einsatz kommen. Etwa fünf Gramm täglich decken die empfohlene Tageszufuhr ab. Jodiertes Speisesalz sollte aber keinesfalls der alleinige Jodlieferant sein.

Vor etlichen Jahren galten Algen noch als das Nahrungsmittel der Zukunft, das vielleicht alle Probleme der Welternährung lösen könnte, da es in schier unerschöpflichem Maß zur Verfügung steht. Inzwischen ist ein behutsamerer Umgang mit Algen üblich, der Vor- und Nachteile abwiegt.

Algen

Wer Algen in seinen Ernährungsplan einbaut, braucht sich keine Sorgen mehr um eine ausreichende Jodversorgung zu machen. Algen dürfen jedoch nicht im Übermaß verzehrt werden, da sie sehr hohe Konzentrationen an Jod enthalten, die ab bestimmten Dosen toxisch wirken können. Wenn Sie keine Algen essen, können Sie auch Algenzusätze ins Badewasser geben oder Algentabletten aus dem Reformhaus verwenden.

Zink

Vor allem Sportler, Diabetiker, schwangere und stillende Frauen sowie Patienten mit Leberstörungen sollten auf eine ausreichende Zinkzufuhr achten. Zink ist wichtig für das Immunsystem, für den Hormonhaushalt und zur Aktivierung von Enzymen, Kohlenhydraten und Eiweißen. Der Tagesbedarf liegt zwischen 10 und 15 Milligramm. Mischköstler bestreiten ihren Bedarf vorwiegend mit dem Konsum tierischer Produkte. Für Veganer ist es wichtig zu wissen, dass es außer Getreide weitere Zinkquellen gibt.

Zinkhaltige Nahrungsmittel in der Veganküche

Je 100 Gramm enthalten Zink in folgenden Mengen:

- Gekeimter Roggen: 20 Milligramm
- Gekeimter Weizen: 12 bis 13 Milligramm
- Mohn: 10 Milligramm
- Linsen: 5 Milligramm
- Mandeln: 2 Milligramm

Mikrogrammmengen finden sich in Hülsenfrüchten, davon am meisten in getrockneten Bohnen und Erbsen sowie in Mais, Vollreis und Hirse. Gemüse (Brokkoli, Rosenkohl und Zwiebeln) und Pilze enthalten ebenfalls Spuren von Zink. Zink ist vor allem in Vollkorn, besser noch in gekeimtem Korn zu finden. Zink ist sehr empfindlich gegenüber Hitze. Optimal sind daher Frischkornmüslis, um eine ausreichende Zinkversorgung zu gewährleisten.

Zink im Müsli: Für Sportler, die einen erhöhten Zinkbedarf haben, ist das morgendliche Müsli statt der Frühstückssemmel geradezu ein Muss.

Ein guter Partner – Beta-Karotin

Sie nutzen Zink aus pflanzlichen Nahrungsmitteln optimal, wenn Sie immer Zinkreiches mit Beta-Karotin-haltigen Lebensmitteln kombinieren, etwa Getreidekeimlinge mit Aprikosen oder mit Brokkoli. Beta-Karotin fördert die Resorption von Zink. Ebenso unterstützen Kalzium und Phosphor die Zinkaufnahme. Eine künstliche Zufuhr von Zink sollte immer nur unter ärztlicher Aufsicht erfolgen.

Gute Gründe gegen Fleisch

Auf der einen Seite nimmt der Fleischkonsum weltweit zu. Z. B. entdecken neuerdings die Asiaten Fleisch als Bestandteil der gehobenen Gastronomie. Gleichzeitig steigt die Anzahl der Menschen, die sich bewusst gegen den Konsum von Fleisch, teilweise auch gegen die Aufnahme von Milch, Eiern und anderen tierischen Produkten wehren. Um den erhöhten Bedarf an Fleisch zu decken, muss immer mehr Getreide als Futtermittel angebaut werden bei gleichzeitigem Rückgang der möglichen Anbaufläche. Was bewegt Menschen dazu, sich rein pflanzlich zu ernähren?

Rudolf Steiner (Begründer der Anthroposophie, 1861–1925): »Es gibt Tiere, die kein Fleisch fressen, z. B. unsere Kühe. Wenn wir das Experiment machen könnten, eine Ochsenherde mit Fleisch zu füttern, so würden die Ochsen verrückt.«

Es gibt verschiedene Gründe, die gegen den Verzehr des Fleisches toter Tiere sprechen. Sie reichen vom generellen Verbot des Tötens und vom Anrecht der Tiere auf Leben über gesundheitliche Aspekte bis zu ökologischen, wirtschaftlichen und politischen Argumenten.

Die Skandale

Schweinepest und Rinderwahnsinn sind nur die Spitze einer Entwicklung, die manchem Bundesbürger den Appetit auf Kotelett oder Rindersteak verdorben hat. 1970 hat der Durchschnittsbundesbürger noch 70 Kilogramm Fleisch und Wurst im Jahr verzehrt, heute sind es nur noch 61,2 Kilogramm. Massentierhaltung in engen Ställen, Futtermittel aus der Tierkörperverwertung (Tiermehle, Blutmehle, Harnstoff, synthetische Aminosäuren und andere Abfallprodukte) sind keine Seltenheit. Sie gehen einher mit dem Einsatz modernster Technologie wie Hormonbehandlung, der Zugabe von Wachstumsförderern und Fütterungsantibiotika, Genmanipulation und dem Embryonentransfer. Entsprechende Schlagzeilen in der Presse haben wesentlich effektiver auf den

Verbraucher eingewirkt als jahrelange gesundheitliche Aufklärung; denn schon vor einigen Jahren hat die Deutsche Gesellschaft für Ernährung festgestellt, dass es auch ohne Fleisch möglich ist, sich gesund zu ernähren. Auch der Preisverfall von Rind-, Schweine- und Kalbfleisch kann an dem Konsumrückgang nichts ändern. Ökologische Wurst- und Fleischspezialitäten sind teurer, werden aber von den Verbrauchern immer häufiger verlangt.

Stichwort »BSE«

In England wurde Tiermehl aus Kadavern von an Scrapie verendeten Schafen als Kraftfutter an Kühe verfüttert. Jahre später – die Inkubationszeit bei Rindern beträgt fünf Jahre – verbreitete sich dort die mit Scrapie eng verwandte Rinderseuche BSE (Bovine Spongiforme Enzephalopathie), an der zigtausende von Kühen elend zugrunde gingen. Als 1996 bekannt wurde, dass zwölf junge Menschen an mit dem Rinderwahnsinn vergleichbaren Symptomen starben, kam es unter den Verbrauchern zu einer panischen Abwendung von Rindfleisch und zu einem zeitweisen Boykott britischer Fleischexporte. Dabei zeigt BSE eigentlich nur die Spitze des Eisbergs; denn das ganze System der Massentierhaltung ist ungesund und riskant. Notschlachtungen können daher auf Dauer nicht die Lösung sein.

Franz Alt (Journalist, Autor): »Menschenliebe und Tierliebe haben so viel miteinander zu tun wie persönlicher Frieden und politischer Frieden.«

Der Tierschutz

Robuste Rassen, viel Bewegungsraum, gut belüftete Ställe sowie der Verzicht auf präventive Verabreichung von Medikamenten, das sind Zustände, die allenfalls auf dem Ökobauernhof die Lebensumstände der Tiere kennzeichnen. Gängige Praxis ist eine Massentierhaltung mit hoher Mastintensität. Aus ökonomischen

Gründen wird die Produktion von vermehrt magerem Fleisch angestrebt, dabei wird eine Deformierung und konstitutionelle Schwächung zulasten von Widerstandsfähigkeit und Langlebigkeit der Tiere in Kauf genommen. Die Bilder von Legebatterien und von Kälbern, die quasi als Abfallprodukte der Milchproduktion geschlachtet werden, lassen das Blut nicht nur militanter Tierschützer aufwallen.

Leo Tolstoi (Humanist, Autor u. a. von »Krieg und Frieden«): »Solange es Schlachthäuser gibt, wird es auch Schlachtfelder geben.«

Ethische und ökologische Gründe

In unserer Epoche der Überbevölkerung und der Unterernährung großer Teile der Weltbevölkerung kann man nicht übersehen, dass eine auf Fleisch beruhende Ernährung Rohstoffe auf unverantwortliche Weise verschwendet. Um ein Kilogramm tierisches Eiweiß zu erhalten, braucht es ein Vielfaches an pflanzlichem Eiweiß.

So idyllisch weidet nur der geringste Teil der Kühe in Europas Agrarwirtschaft. Die meisten leben unter skandalösen Bedingungen in der Massentierhaltung. Kein Wunder, dass immer mehr Menschen aus ethischen Gründen zu Vegetariern werden.

So dient nicht nur ein Großteil der Ernten der westlichen Ackerflächen nur auf dem Umweg über das Tier der menschlichen Ernährung, sondern auch Länder der Dritten Welt, in denen Menschen hungern, verlegen sich auf die devisenbringende Erzeugung von Tierfutter. Monokulturen für den Futteranbau für Milliarden von vierbeinigen Fleischlieferanten fördern die rasche Ausbreitung von Pflanzenkrankheiten und Schädlingen, die Gülle der Tiere verdirbt nach und nach das Grundwasser, und die schwindenden Wälder machen der Klimaveränderung den Weg frei.

Albert Einstein (Nobelpreis für Physik 1921): »Rein durch ihre physische Wirkung auf das menschliche Temperament würde die vegetarische Lebensweise das Schicksal der Menschen äußerst positiv beeinflussen.«

Gesundheitliche Gründe

Zahlreiche Untersuchungsreihen haben nachgewiesen, dass Vegetarier gesünder sind als Fleischesser. Sie leiden weniger häufig an Übergewicht, hohem Blutfettspiegel, überhöhtem Blutdruck, aber auch weniger an Allergien und Krebs.

Einige Tumorarten (v. a. in Lunge und Darm) haben in letzter Zeit stark zugenommen. Der Gedanke, dass bei dieser Entwicklung unsere Ernährung die entscheidende Rolle spielt, liegt nahe.

Gemüse braucht der Mensch

»Vegetarier machen alles richtig«, sagen viele Wissenschaftler. Warum? Im vegetarischen Speiseplan dominiert Pflanzliches. Und vor allem in pflanzlichen Lebensmitteln sind Stoffe enthalten, denen eine Krebs vorbeugende Wirkung zugesprochen wird. Beispielsweise die Vitamine C, E und die Vorstufen des Vitamin A, die Karotinoide: Sie sind wegen ihrer antioxidativen, zellschädigende Sauerstoffradikale bekämpfenden Wirkung besonders wichtig. Auch so genannte sekundäre Pflanzenstoffe können die Immunabwehr unterstützen.

Georg Bernhard Shaw (irischer Dramatiker; Nobelpreis 1950): »Tiere sind meine Freunde, und ich esse meine Freunde nicht.«

Vegetarische Ernährung wirkt sich positiv aus bei

- Diabetes mellitus
- Nahrungsmittelallergien
- Erhöhtem Krebsrisiko
- Gelenkrheumatismus
- Gicht (erhöhtem Harnsäurespiegel)
- Übergewicht
- Gestörtem Fettstoffwechsel
- Harnsteinleiden
- Psychischer Belastung
- Verdauungsstörungen
- Herz-Kreislauf-Krankheiten

Sie sind, wie das Allizin im Knoblauch oder die Isothiozyanate in Zwiebel- und Kohlgemüsen, antibakteriell wirksam. Einige wirken direkt antikanzerogen (gegen Krebs). So können Flavonoide, die in allen Pflanzen vorkommen, oder das Sulfurophan im Brokkoli Krebs erzeugende Substanzen entgiften.

Bryan Adams (Musiker): »Ich bin seit zwölf Jahren Vegetarier. Und ich war noch nie ernsthaft krank. Vegetarische Ernährung stärkt das Immunsystem. Ich glaube, dass Fleisch krank macht.«

Darmkrebs

Je höher der Lebensstandard, desto höher meist der durchschnittliche Fettverzehr und desto höher auch das Darmkrebsrisiko – bösartige Tumore des Dickdarms und des Enddarms nehmen in allen Industriestaaten ständig zu. Nach Lungenkrebs sind sie mittlerweile die häufigste Krebstodesursache. Epidemiologische Studien und gezielte Beobachtungen an ausgewählten Bevölkerungsgruppen belegen: Schuld am erhöhten Darmkrebsrisiko sind im Wesentlichen die Ernährungsgewohnheiten – übermäßig hoher Fett- und Fleischverzehr. Fett an sich ist zwar nicht Krebs auslösend. Doch Fett ist ein so genannter Krebspromotor. Über Jahre und Jahrzehnte hinweg wirkt üppiger Fettkonsum Krebs fördernd. Dabei ist Fett nicht gleich Fett. Besonders tierische Fette und vor allem der häufige Verzehr von Fleisch und Wurstwaren steigern das Risiko, an Magen- oder Darmkrebs zu erkranken.

Magenkrebs

Wissenschaftler vom Krebsforschungszentrum Heidelberg fanden eine höhere Magenkrebsrate vor allem in Regionen, wo viel Gepökeltes und Geräuchertes verzehrt wurde. Wer hingegen täglich rund 300 Milligramm Vitamin C mit der Nahrung zu sich nimmt, reduziert sein Magenkrebsrisiko um die Hälfte gegenüber Personen, die nur 100 Milligramm aufnehmen.

Ein Drittel, wenn nicht gar die Hälfte aller bösartigen Tumorerkrankungen ließe sich nach Meinung von Experten vermeiden, wenn deutlich mehr Gemüse und Obst und weniger Fett gegessen würde.

Brustkrebs

Bösartige Neubildungen in der Brust (Mammakarzinome) sind bei Frauen fast aller Industriestaaten die häufigste Krebsart. Neben der familiären Vorbelastung und dem ständigen Ungleichgewicht des Hormonspiegels spielen Alkohol und vor allem eine fettreiche Ernährung eine wichtige Rolle bei der Entstehung. Besonders bei älteren Frauen kann das Brustkrebsrisiko durch den Verzehr von frischem Obst und Gemüse um bis zu 25 Prozent gesenkt werden. Wobei auch hier neben dem Vitamin C den vielen anderen Pflanzeninhaltsstoffen die schützende Funktion zugeschrieben wird.

Sekundäre Pflanzenstoffe mit Krebs verhütender Wirkung

- Karotinoide, enthalten in Obst und Gemüse
- Phytosterine, enthalten in Getreide, Obst und Gemüse
- Flavonoide, enthalten in Getreide, Obst und Gemüse
- Monoterpene, enthalten in Zitrusfrüchten
- Indole, enthalten in allen Kohlarten

Untersuchungskommision des deutschen Bundestages zum Schutz der Erdatmosphäre: »Allein durch die Senkung des Fleischkonsums könnten ein Viertel oder mehr der klimarelevanten Emissionen vermieden werden.«

Risiken, die Vegetarier vermeiden

- **Die Fettsäuremuster** – Möglicherweise spielt beim Darmkrebs nicht nur die aufgenommene Fettmenge, sondern auch das Fettsäuremuster eine Rolle, also der Anteil an gesättigten, einfach und mehrfach ungesättigten Fettsäuren. Weniger günstig ist dabei der allzu einseitige Verzehr tierischer Fettsäuren.
- **Die Hitzeeinwirkung** – Es ist nicht belegt, dass ein hoher Fleischverzehr unabhängig vom Fett das Darmkrebsrisiko erhöht. Einen Einfluss hat jedoch die Art der Zubereitung. Eine Risikosteigerung zeigt sich besonders dann, wenn viel gebratenes Fleisch mit stark gebräunter Oberfläche verzehrt wird.
- **Der Speiseplan** – Wenn im Speiseplan fettreiche Fleischwaren die Hauptrolle spielen, kommen pflanzliche Lebensmittel zwangsläufig zu kurz, und damit all die Stoffe, denen eine Krebs vorbeugende Wirkung zugesprochen wird.
- **Benzpyrene** sind Krebs erzeugende Stoffe. Sie können beim Braten und Grillen und beim Räuchern entstehen. Besonders kritisch ist das Grillen auf dem Holzkohlengrill oder das Räuchern mit Fichtenholz.
- **Eiweiß-Proteolyse-Produkte** können durch besonders langes und starkes Erhitzen eiweißreicher Lebensmittel (Fleisch, Fisch) entstehen. Beispielsweise beim Braten großer Fleischstücke im Backofen.
- **Nitrit** entsteht im Körper aus dem durch die Nahrung aufgenommenen Nitrat, wird aber auch direkt z. B. mit dem Pökelsalz von Fleischwaren oder einigen Käsesorten aufgenommen. Beim Braten oder Grillen oder auch durch körpereigene Reaktionen entstehen Krebs auslösende Nitrosamine. Schutz vor dieser chemischen Kettenreaktion bietet Vitamin C.

Herz-Kreislauf-Erkrankungen

Nahezu drei Viertel aller Erwachsenen haben zu viel Cholesterin im Blut, das ist eine der wesentlichen Ursachen für Herz-Kreislauf-Erkrankungen, auf deren Konto wiederum über die Hälfte aller Todesfälle geht. Ursache: Langfristige Fehlernährung, vor allem reichlicher Verzehr tierischer Lebensmittel. Der Zusammenhang zwischen der Zufuhr von Lebensmitteln mit einem hohem Anteil gesättigter Fettsäuren und Cholesterin und der Entstehung von Arteriosklerose und dem Auftreten erhöhter Blutfettwerte wird inzwischen nicht mehr bestritten. Ab dem 35. Lebensjahr kann die Cholesterinmessung in die jährliche Vorsorgeuntersuchung aufgenommen werden und wird von der Kasse bezahlt.

Der Übergang zu einer stärker pflanzlich orientierten Ernährung eröffnet somit das mit Abstand größte Einsparpotenzial (bis zu 100 Millionen Tonnen CO_2-Äquivalente) im Ernährungssystem. Darüber hinaus würden die volkswirtschaftlichen Folgekosten der ernährungsbedingten Krankheiten (50 Milliarden DM pro Jahr) erheblich reduziert.

Das Cholesterin und die Blutfette

Mit der Nahrung nehmen viele Menschen mehr Cholesterin (zwischen 500 und 800 Milligramm) zu sich, als der Körper verarbeiten kann. 300 Milligramm pro Tag sollten nach Ansicht der Medizin nicht regelmäßig überschritten werden. Diese Menge steckt schon in einem einzigen Eigelb oder in 120 Gramm Butter. Nicht verarbeitetes Cholesterin lagert sich an den Arterienwänden ab. Später kommen Kalziumverbindungen und andere Blutbestandteile hinzu. Die Arterien »verkalken« und verengen sich. Der Blutdurchfluss wird erschwert. Verschließt sich an einer Stelle das Gefäß ganz, kommt es im Bereich der Herzkranzgefäße zum Herzinfarkt, im Bereich des Gehirns zum Schlaganfall. Als hilfreich im Kampf gegen zu viel Cholesterin hat sich Sojalezithin erwiesen, auch dem Knoblauch wird eine entsprechende Wirkung nachgesagt. Außerdem wirken bestimmte Ballaststoffe cholesterinsenkend.

Grünekern

Der Einkaufskorb für Vegetarier

Früher wurden Händler beim Geschäft mit Lebensmitteln nicht durch das Fleisch reich, sondern durch so manche pflanzliche Produkte. Die Kornspekulanten und Gewürzhändler (man denke nur an die Zucker- oder Salzbarone) handelten mit empfindlichen, teilweise raren Gütern wie beispielsweise mit Kakao. Viele Gemüse, Früchte, Gewürze, Kräuter, Hülsenfrüchte, Nudeln, Reissorten und Brotarten sind im Lauf der Zeit entdeckt, entwickelt und variiert worden. Dabei spielen Konservierungsmethoden und neue Züchtungen ebenso eine Rolle wie die menschliche Phantasie, die sich immer wieder neue Zubereitungsmethoden einfallen lässt. Gerade in Deutschland sorgen die vielen ausländischen Mitbewohner und die Reiselust der Deutschen seit einigen Jahren für ein breit gefächertes Angebot neuer »fremder« Lebensmittel. Sie versorgen uns mit Nährstoffen während des ganzen Jahres.

Getreide

Getreide gehört anerkanntermaßen zu den wichtigsten Grundnahrungsmitteln.

▶ Sein Inhaltsstoff Stärke liefert dem Stoffwechsel Energie in Form von Kohlenhydraten. Stärke wird während des Verdauungsprozesses in Glukose abgebaut und ernährt auf diese Weise die Körperzellen.

▶ Ein anderer wesentlicher Bestandteil von Getreide und Getreideprodukten sind die Ballaststoffe. Ballaststoffe binden gesundheitsschädigende Substanzen im

Beim Kauf von Getreide gilt das Gleiche wie für Gemüse und Obst: Solches aus biologischem Anbau ist weit weniger mit unerwünschten Stoffen wie Pestiziden, Nitrat und Natrium belastet.

Darm und schützen so beispielsweise vor bestimmten Krebserkrankungen (siehe Seite 24).

- Ein Vollkornmüsli oder eine Scheibe Vollkornbrot (Vollkornbrot besteht aus gemahlenem vollen Getreide, das im Gegensatz zum weißen Mehl noch die wertvollen Randschichten des Korns enthält) zum Frühstück sind reich an Vitamin B1 und B6. Beide sind unentbehrliche Nervenkraftstoffe.
- Die ebenfalls in Getreideprodukten enthaltene Folsäure ist wichtig für die Zellneubildung und die Produktion von Endomorphin, unserem Gute-Laune-Hormon. Darüber hinaus sorgt der Mineralstoff Phosphor für die Umsetzung der Nährstoffe in Energie. Magnesium, Eisen, Zink, Kupfer und Mangan sind weitere wichtige Zutaten der vegetarischen Ernährung, die das Korn mitliefert.

Als besonders vitaminreich gelten ausgekeimte Getreideprodukte wie Weizenkeime. Achten Sie beim Essen schrothaltiger Vollkornprodukte darauf, viel zu trinken; nur so können die Ballaststoffe ihre Funktion im Darm erfüllen.

Dinkel und Grünkern

Dinkel ist eine alte Kulturform des Weizens. Er hat lange, schlanke, leicht gebogene Ähren, deren Körner von Spelzen fest umschlossen sind. Wahrscheinlich kannten ihn schon die alten Ägypter. Grünkern ist »grüner«, schon in der Milchreife geernteter Dinkel. Durch einen Röstvorgang erhält er sein rauchiges Aroma. Er eignet sich vorzüglich als Suppeneinlage und ist geschrotet in Form von Bratlingen sehr beliebt. Das aus Dinkel gewonnene Mehl ist reich an Eiweiß, Kalium, Phosphor und Eisen. Kalium fördert den Kohlenhydratstoffwechsel im Organismus, die Sauerstoffversorgung des Gehirns und die Nervenreizübertragung. Kalium sorgt außerdem dafür, dass die Körperzellen ausreichend mit Flüssigkeit versorgt werden. Eisen ist verantwortlich für die Blutbildung, es stärkt das Immunsystem und sorgt für ein stabileres Muskelgewebe.

Gerste

Die Gerste ist eine sehr alte Kulturpflanze und stammt wahrscheinlich aus dem Himalajagebiet. Die Griechen betrachteten die Gerste als ein Geschenk von Demeter, der »Getreidemutter«, an den Menschen. Deshalb weihten sie den Göttern Opferkuchen aus Gerstenmehl. Gerstenbrei und Fladenbrot waren lange Zeit das tägliche Brot unserer Vorfahren. Gerste ist reich an Vitaminen (vor allem an B-Vitaminen, die für den Stoffwechsel wichtig sind) und an Mineralstoffen wie Kalium, Kalzium, Phosphor und Kieselsäure. Eine positive Wirkung soll Gerste bei Bindegewebsschwäche, Krampfadern, Gelenkkrankheiten und Bandscheibenschäden haben. Bei Magen-Darm-Erkrankungen frisch gemahlenes Gerstenmehl in Wasser bei geringer Hitze langsam ausquellen lassen und ganz nach Geschmack mit Honig oder pikant mit Gewürzen abgeschmecken. Ein altes Hausmittel für Frauen mit Stillproblemen ist mit Milch gekochte Gerste. Sie regt die Milchdrüsensekretion an. Ein Nebenprodukt der Gerste ist Malz, das bei der Bierherstellung Verwendung findet. Kein Wunder, dass Homer sie als das »Mark der Männer« rühmte.

Im Alltagsleben vieler indogermanischer Völker spielte Gerste eine besondere Rolle: Sie benützten das Gerstenkorn als kleinstes Gewicht und Längenmaß.

Hafer

Im Gegensatz zur Gerste, die in den verschiedensten Regionen der Welt verbreitet war, galt Hafer lange Zeit als Unkraut. Man nimmt an, dass er verborgen in Gerste und Urweizen nach Europa kam. Hier, wo es an Wärme und Sonne mangelt, gelangte er zu Ruhm. In den rauhen Gegenden, in denen er am meisten verbreitet war, lieferte er die benötigte physische Stärke, bevor er von der Kartoffel abgelöst wurde. Mit sieben Prozent enthält er das meiste Fett von allen Getreidesorten, davon sind

Mischt man den Glutenprodukten noch Öl oder Tofu bei, wird das »Fleischprodukt« nicht mehr ganz so zähfaserig, was für manche Gerichte besser passt.

80 Prozent ungesättigte Fettsäuren. Er hat unter den europäischen Getreiden den größten Eiweißgehalt und bietet sechs essenzielle Aminosäuren. Magen- und Darmstörungen werden seit alters mit Haferschleim kuriert. Wer regelmäßig Haferprodukte zu sich nimmt, sorgt auf natürliche Weise für gesunde Zähne und Knochen, schöne Haut und kräftiges Haar.

Roggen

Roggen verkraftet fast jedes Wetter außer nassen Boden während der Saat und Schlechtwetter während der Blüte. Lange Zeit blieb das aus Vorderasien stammende Getreide das dominierende Brotgetreide. Sein dunkles Mehl und der kräftige, robuste Charakter, hinter dem sich viele gesundheitliche Vorzüge verstecken, führten jedoch zu seinem sozialen Abstieg. Es galt schon immer als vornehm und Zeichen von Wohlstand, helles Weizenbrot zu essen. Mit den modernen Mahlverfahren

Klebereiweiß oder Gluten

Die Backfähigkeit eines Getreides hängt von Qualität und Menge des Klebereiweißes ab, das man auch als Gluten bezeichnet. In Dinkel, Gerste, Hafer, Roggen und Weizen kommt es vor, nicht hingegen in Hirse, Mais, Reis und Buchweizen. Nur in Dinkel und Weizen ist so viel Kleber, dass sie mit Hefe zu einem lockeren, feinporigen Teig verarbeitet werden können. Der Kleber sitzt zwischen den Stärkekörnern des Getreides. Ist das Mehl fein gemahlen, ist auch der Kleber zu feinen Bruchstücken vermahlen und kann schnell quellen; ist das Korn gar nicht oder grob gemahlen, braucht es etwas länger (siehe auch Seite 112).

wurde helles, vitalstoffarmes Brot zum Statussymbol – die Nachfrage nach dunklem Brot sank, und in gleichem Maße entwickelten sich die Zivilisationskrankheiten. Der klebereiweißreiche Roggen ist reich an Phosphor, Kalium, Eisen, Kieselsäure und B-Vitaminen. Außerdem liefert er viel Lysin, eine Aminosäure, die ihm eine höhere biologische Wertigkeit verleiht als dem Weizen.

Das Fertigprodukt »Seitan« (aus Weizeneiweiß, Sojasauce, -mehl, Algen und Gewürzen) ist sowohl im Geschmack wie in der Form festgelegt. Es wird in Gläsern in Soja-Algen-Marinade oder in Folie eingeschweißt angeboten. Es eignet sich besonders gut zur Vorratshaltung.

Weizen

Mehrere tausend Weizensorten ermöglichen einen Anbau auf der ganzen Welt. Überall werden Sorten gezüchtet, die sich den spezifischen Gegebenheiten von Boden und Wetter anpassen. Trotzdem bleibt dieses Getreide das anspruchsvollste: Es hat eine Vorliebe für Wärme und benötigt eine gute Wasserversorgung, außerdem muss der Boden nährstoffreich sein. Grundsätzlich unterscheidet man zwischen Sommer- und Winterweizen. Liegt der Winterweizen im Ertrag leicht hinter dem Sommerweizen, so wird er doch in seinem Klebergehalt von diesem übertroffen. Sommerweizen hat daher die besseren Backfähigkeiten. Besonders reich an Vitamin E sind Weizenkeime und das aus ihnen hergestellte Weizenkeimöl.

Hirse

Hirse gehört zu den ältesten Kulturpflanzen. Sie ist vor allem in Afrika und Zentralasien als Nahrungsmittel von Bedeutung. Sehr reich an ungesättigten Fettsäuren und Vitaminen, ist sie besonders schmackhaft als Couscous oder Risotto. Für Zöliakiebetroffene, Menschen, die an einer Unverträglichkeit von Gluteneiweiß leiden, ist sie eine gute Alternative. Auch Menschen, die einige Zeit Antibiotika nehmen mussten, bringen mit einer Hirsediät ihre Darmflora wieder auf Vordermann.

Die Weizenkeime

Weizenkeime unterstützen den Körper mit ihren 14 Vitaminen, mehrfach ungesättigten Fettsäuren, 18 Mineralien und Spurenelementen und wertvollem Eiweiß sehr vielfältig:

- Als Stärkungsmittel
- Zur Linderung von Menstruationsbeschwerden
- Zur Vorbeugung von Herz-Kreislauf-Störungen

Reis

So kochen Sie Vollkornreis perfekt: Den Reis waschen und in wenig Öl anrösten. Mit der 2 1/2fachen Menge Wasser aufgießen und bei geringer Hitze 45 Minuten garen.

Reis ist heute für die Hälfte der Weltbevölkerung Grundnahrungsmittel Nummer eins. Seit Jahrtausenden in Asien kultiviert, breitete er sich über Kambodscha, Südchina und Thailand aus. Ende des 13. Jahrhunderts landete er in Frankreich. Nach vielen Versuchen in anderen Regionen stellte sich heraus, dass er dort in der Camargue besonders gut gedeiht. Reis können Sie in vier unterschiedlichen Verarbeitungsstadien kaufen:

- **Paddy** ist vom Halm geernteter Reis. Das Reiskorn besitzt aus Kieselsäure und Zellulose bestehende Spelzen, die das Korn schützen. Reis ist in diesem Stadium noch nicht essbar, er muss erst entspelzt werden.
- **Vollkorn oder Cargo** bezeichnet den Reis nach der Entfernung der Spelzen. Die äußeren Randschichten des Reiskorns, die den größten Teil seiner Vital- und Ballaststoffe sowie wertvolles Eiweiß und Fettsäuren enthalten, sind in diesem Stadium noch unbeschädigt.
- **Poliertem Reis** wurden die äußeren Randschichten zugunsten eines weißen Aussehens entfernt. Bei diesem Prozess gehen allerdings auch 60 Prozent der Vitalstoffe, darunter viel wichtiges Vitamin B und zwei Drittel der Ballaststoffe verloren.

▶ **Parboiled Reis** ist ungeschälter Reis, der unter Druck gedämpft wurde, damit er nicht mehr klebt. Das anschließende Schälen nimmt nur einen Teil der Vitalstoffe; denn während des Dämpfens dringt ein großer Teil der Vitalstoffe in das Innere des Korns ein und bleibt dort erhalten.

Gemüse

Neben Getreide und Obst ist Gemüse eine tragende Säule der vegetarischen Ernährung. Fettarm, vitamin- und mineralstoffreich, ist Gemüse für die Abwechslung auf dem Speiseplan zuständig. Die Bedeutung von Gemüse ist in der Naturmedizin seit alters bekannt. Die Inhaltsstoffe wirken ausgleichend auf den Organismus, stärken das Immunsystem und können körperlichen Störungen vorbeugen. Bis auf Vitamin B12 und die Mineralstoffe Phosphor und Zink enthalten die verschiedenen Gemüsesorten alle uns bekannten Vitamine und Mineralstoffe.

Gemüse ist nicht nur besonders gesund, sondern in seiner geschmacklichen Variationsbreite schwer von anderen Nahrungsmitteln zu überbieten. Achten Sie jedoch auf Qualität und Frische!

Algen

Speisealgen sind hier zu Lande als Gemüsebeilage aus der asiatischen Küche den Feinschmeckern bekannt. Besonders in Japan sind sie als Hauptbestandteil von Salaten, Gemüsegerichten und Suppen beliebt. Sushi, die japanischen Reisröllchen, werden ebenfalls in Algenblätter gewickelt. Algen haben kaum Kalorien und beinhalten wichtige Mineralstoffe wie Magnesium, Mangan und – für Vegetarier besonders wichtig – Jod. An Vitaminen sind die Blut bildende Folsäure sowie B1 und B2 enthalten. Wakamealgen sind besonders reich an dem Krebs hemmenden Inhaltsstoff Fukoidan.

Artischocken

Als essbare Blüten einer Distel sind Artischocken vor allem in der mediterranen Küche beliebt. Köstlich sind besonders die Artischockenherzen, die man auch in Gläsern kaufen kann. Artischockenblätter sind gegart mit einem Dip hervorragend als Vorspeise geeignet. Die Inhaltsstoffe der Blütenblätter und des Blütenbodens wirken günstig auf den Leberstoffwechsel und lindern Gallenblasenbeschwerden. Außerdem senken sie den Cholesterinspiegel im Blut.

An der Gemüsetheke dürfen Sie grundsätzlich nach Lust und Laune in den Angeboten schwelgen. Obst und Gemüse verfügen über einen hohen Gehalt an Vitaminen, Mineralstoffen, Ballaststoffen und bioaktiven Substanzen. Sie sind wohlschmeckend, cholesterinfrei und schonen in der Regel den Geldbeutel.

Auberginen

Da sich in der Schale die meisten Nährstoffe befinden, sollten diese kalorienarmen, ballaststoffreichen Eierfrüchte immer mit Schale zubereitet werden. Wegen ihres Solaningehaltes sollte man Auberginen nie roh es-

Achtung beim Einkauf

- Frisches, kurz gelagertes Gemüse ist das beste und gesündeste. Vitamine sind stark licht- und luftempfindlich.
- Geben Sie Gemüse aus dem Freiland den Vorzug. Es bekommt im Gegensatz zu Treibhausware mehr natürliches Sonnenlicht, das Nitrat in den Pflanzen abbauen kann.
- Versuchen Sie, den Speiseplan mit heimischem Gemüse der Saison zu füllen. Kaufen Sie daher im Sommer beispielsweise Tomaten, Zucchini, Kohlrabi, Spinat, Auberginen und Brokkoli und im Winter Lauch, Möhren, Rote Bete, Weiß- und Rotkraut sowie Rosenkohl und Sellerie. Das ist nicht nur preiswerter, sondern auch ökologisch sinnvoll.

sen. Neutral im Geschmack, ist die Aubergine gedünstet, gebacken oder gebraten sowohl fiebersenkend als auch anregend, sie wirkt vorbeugend gegen Diabetes und Bluthochdruck.

Brokkoli

Zu den gesündesten Gemüsen gehört der dem Blumenkohl verwandte Brokkoli. Er enthält verschiedene Biostoffe in extrem hoher Konzentration (Kalium, Kalzium, Mangan, Kupfer und Eisen sowie die Vitamine C, Folsäure, B5 und Beta-Karotin). Vor allem für Menschen, die keine Milch und Milchprodukte verzehren, sind Brokkoli und Grünkohl wegen ihres hohen Kalziumgehalts von Bedeutung.

Kennen Sie Rauke und Schwarzwurzel? Probieren Sie doch einmal pro Woche ein Ihnen noch unbekanntes Gemüse aus. Je größer die Auswahl, umso größer ist nicht nur der Genuss, sondern auch der Nutzen für Ihre Gesundheit.

Fenchel

Die vor allem im Winterhalbjahr angebotene, würzige Pflanze schmeckt jung und frisch in Salaten, sonst gedünstet und überbacken. Die Blätter lassen sich auch als Küchenkraut verwenden. Die Heilpflanze ist der reinste Gesundheitscocktail: kalorienarm, reich an Kalium und Eisen sowie an Spurenelementen mit einem extrem hohen Vitamin-C-Gehalt, wirkt sie stärkend auf die Immunabwehr. Außerdem enthält Fenchel viel Beta-Karotin, Vitamin B1 und Folsäure. Die ätherischen Öle Athenol und Fenchem regen die Verdauung an und lindern erkältungsbedingte Erkrankungen der Atemorgane.

Kartoffeln

Die große Zauberin unter den Gemüsen ist die Kartoffel. In vielen Variationen zubereitet, dient sie als Beilage oder Hauptmahlzeit. Den Stärkeanteil der einzelnen Sorten können Sie leicht feststellen: Schneiden sie die Kartoffel in der Mitte durch, und reiben Sie die Hälften gegeneinander. Je stärker die Schnittstellen aneinanderhaften, desto höher ist der Stärkeanteil. Haften sie schlecht, so handelt es sich um eine fest kochende Sorte. Die Kartoffel enthält kaum Fett und ist reich an wertvollen Inhaltsstoffen wie Kalium, Eisen, Zink, Jod und Kupfer, Vitamin C und hochwertigem Eiweiß, das in Kombination mit Milcheiweiß oder Tofu eine ernährungsphysiologisch optimale Qualität erreicht.

Von allen Gemüsen haben Möhren den höchsten Gehalt an Beta-Karotin. Dieses benötigt der Organismus, um mit Hilfe von Vitamin E, Eisen, Zink und den Schilddrüsenhormonen das wichtige Vitamin A herzustellen, das den Sehsinn unterstützt und möglichen Störungen wie der Nachtblindheit vorbeugt.

Möhren

Die runde oder längliche Wurzel ist weltweit beliebt. Als gesunde Zwischenmahlzeit stillt dieses Wurzelgemüse nicht nur den kleinen Hunger. Es führt dem Körper große Portionen an Vitamin K und dem Provitamin A (Beta-Karotin) zu. Letzteres wirkt im Körper wie auch Vitamin C als idealer Radikalefänger. Damit der Körper

Kocheigenschaften von Kartoffeln

- Fest kochende Kartoffeln enthalten weniger Stärke. Ihre Schale reißt in der Regel beim Kochen nicht. Ihre feste, stabile Konsistenz hat diesen Sorten auch den Namen »Salatkartoffel« eingebracht. Sie eignen sich aber ebenso gut als Pell- und Bratkartoffeln.
- Vorwiegend fest kochende Kartoffeln besitzen mehr Stärke als fest kochende. Beim Kochen platzt ihre Schale wenig auf. Sie sind die Allrounder unter den Kartoffeln, besonders gut sind sie geeignet als klassische Salzkartoffeln, weil sie Sauce gut aufnehmen.
- Mehlig oder mehlig-fest kochende Kartoffeln enthalten die meiste Stärke. Ihre Schale platzt beim Kochen immer auf. Sie sind geradezu ideal für alle Zubereitungsarten, bei denen sie zu Püree oder Teig verarbeitet werden.

die wertvollen Beta-Karotine der Möhre nutzen kann, sollte man sie mit etwas Fett zusammen essen. Der Nährwert lässt sich noch weiter erhöhen, indem man Möhren mit zink- und eisenhaltigen Lebensmitteln wie Linsen kombiniert.

Kaufen Sie Produkte von Bauern oder Gärtnern aus Ihrer Umgebung. Ohne lange, auch die Umwelt belastende Flug- und Fahrtzeiten sind diese Produkte in der Regel weniger schadstoffbelastet und reich an Vitaminen und Mineralstoffen.

Paprikaschoten

In süßen und scharfen Geschmacksrichtungen erhältlich, sind die roten, gelben und grünen Schoten nicht nur ein optisches Highlight. Mit einem sensationellen Vitamin-C-Gehalt schützen sie im Zusammenspiel mit Beta-Karotin und Vitamin E auf ideale Weise die Körperzellen und Organe vor Angriffen durch freie Radikale. Auch Vitamin B6 ist reichlich in den gesunden Schoten enthalten. Es unterstützt in Kombination mit tierischem Eiweiß den Proteinstoffwechsel im Körper. In der höchsten Konzentration sind diese Biostoffe in den roten Schoten enthalten.

Pilze

Mit vitaminreichem Gemüse lassen sich Zuchtpilze wie Austernpilze und Champignons gut kombinieren. Bei Waldpilzen sollte man vorsichtig sein: Sie sind oft mit Kadmium und Quecksilber belastet. Der aus Asien stammende Shiitakepilz hat zwar im Gegensatz zu den anderen Pilzen viel weniger Eiweiß, dafür aber eine für Pilze außergewöhnliche Auswahl an Vitaminen zu bieten: Folsäure, B5, B2 und Biotin sowie das Krebs hemmende Lentanin.

Spinat

Wurzel- und Blattspinat, ein feines und sehr gesundes Gemüse, stammt ursprünglich aus dem arabischen Raum. Kurz nach der Ernte beinhalten die kalorienarmen Blätter neben den Vitaminen K, B2 und B6 ein großes Potenzial an den Radikalefängern Vitamin C, E und Beta-Karotin. Bei längerer Lagerung von frisch gekauftem Spinat verliert sich das Vitamin C allerdings. Wer dagegen auf tiefgefrorene Ware zurückgreift, spart sich die etwas mühevolle Vorbereitung des Blattspinats und erhält noch einiges an Biostoffen des grünen Gemüses. Der Eisengehalt von Spinat ist allerdings nicht so hoch, wie lange Zeit angenommen. Um die Nährstoffe von Spinat zu erhalten, sollte man ihn möglichst roh verzehren oder nur kurz blanchieren, nicht pürieren, sondern nur grob hacken. Als Ergänzung eignen sich Reis oder Kartoffeln. Ein spinathaltiges Gericht wirkt sich positiv bei Stress, Abgeschlagenheit oder Konzentrationsschwäche aus.

Spinat ist ein Blut bildendes, den Magen anregendes, vitaminreiches Gemüse, das sich frisch im Salat oder kurz gedünstet für Suppen, Tartes und Aufläufe verwenden lässt.

Tomate

Eines der beliebtesten sommerlichen Fruchtgemüse ist die Tomate. Frisch geerntet schmeckt Freilandware süß und aromatisch und besitzt eine saftige Konsistenz. Man kann sie roh als Beilage oder im Salat verzehren und auch für viele Gemüsegerichte sowie als Saucengrundlage verwenden. Tomaten haben kaum Kalorien, und eine mittelgroße, frische Frucht deckt knapp die Hälfte des täglichen Vitamin-C- und etwa ein Viertel des Vitamin-A-Bedarfs ab. Auch die zellerneuernde Folsäure (gut bei trockener Haut) und Beta-Karotin sind in dem roten Gemüse enthalten.

Zwiebel

Die zu den Laucharten gehörige Zwiebel ist eine der ältesten Heil- und Gewürzpflanzen der Welt. Die Zwiebel wirkt antibakteriell, Blut verdünnend und cholesterinsenkend. Und: Wer täglich Zwiebeln verzehrt, muss sich keine Sorgen um seine Darmflora machen. Zudem steigert sich die Magensaftproduktion, womit Nahrungseiweiß besser verwertet werden kann. Auch bei Erkältungen wird die Zwiebel in der Hausapotheke häufig als erfolgreiches Heilmittel eingesetzt, da sie schleimlösend wirkt. Ihre schwefelhaltigen ätherischen Öle wirken zum Teil auch Krebs hemmend.

Das Weinen beim Zwiebelschälen kann aufhören, wenn man die Zwiebel vorher in kaltes Wasser legt.

Kräuter

Kräuter sind fettfrei und dürfen in keiner vegetarischen Küche fehlen. Sie enthalten wirksame bioaktive Substanzen, die den Kreislauf und den Stoffwechsel anregen. Lassen Sie sich von der Vielzahl der Kräuter inspi-

Kräuter als Würzmittel eröffnen jedem Koch ungeahnte Möglichkeiten. Vor allem, wenn man einmal über den Tellerrand der eigenen Nationalküche schaut und Anleihen z. B. bei der asiatischen Küche nimmt.

rieren. Während man früher nur die drei gängigsten Küchenkräuter, Schnittlauch, Petersilie und Dill, kannte, kann man heute auf den Märkten auch Estragon, Basilikum, Kerbel, Salbei, Minze, Melisse u. v. a. m. erwerben. Beim Würzen mit Kräutern sind der Phantasie keine Grenzen gesetzt. Grundsätzlich ist erlaubt, was schmeckt. Viele Kräuter lassen sich das ganze Jahr über auf dem Balkon oder vor dem Fensterbrett ziehen. So haben Sie immer frische und garantiert nicht gespritzte Kräuter portionsgerecht im Haus.

Aus den meisten Kräutern kann man auch köstliche Tees herstellen. Kräutertees aus frischen oder getrockneten Kräutern sind eine gesunde und schmackhafte Alternative zu alkoholischen oder gesüßten Getränken.

Fette und Öle

Fett macht nicht nur fett, es ist auch ein lebensnotwendiger Baustein der Ernährung. Denn pflanzliche Salatöle und Bratfette enthalten im Gegensatz zu ihren tierischen Pendants jede Menge wichtiger essenzieller Fettsäuren. Während unser Körper nicht essenzielle Fettsäuren selbst herstellen kann, müssen ihm die essenziellen über die Nahrung geliefert werden. Nur mit ihrer Hilfe kann unser Stoffwechsel reibungslos funktionieren.

Aktiver Zellschutz durch Vitamin E

Außerdem versorgen uns die pflanzlichen Fette und Öle mit verschiedenen fettlöslichen Vitaminen. Die meisten Pflanzenöle sind besonders reich an Vitamin E. Dieses schützt die Körperzellen vor freien Radikalen, den Hauptverantwortlichen für die Alterungsprozesse der Haut und der Organe. Vitamin E ist besonders reichlich in Soja- und Sonnenblumenöl vorhanden. Doch auch andere pflanzliche Fettlieferanten wie Margarine, Walnüsse, Erdnüsse und Mandeln versorgen den Körper mit dem Zellschutzvitamin.

Fette und Öle als Aromaträger

Gute Fette besitzen ein feines Aroma, das vielen Gerichten neben Kräutern, Salz und Pfeffer eine zusätzliche feine Würze verleiht. Wer in seiner Küche ausschließlich pflanzliche Fette verwenden möchte, sollte immer ein Stück Pflanzenmargarine im Kühlschrank haben. Dies kann man beim Backen und Dünsten einsetzen. Für Gerichte, die bei starker Hitze gebraten werden sollen, verwendet man am besten Öl. Pflanzliches Öl wird u. a. aus Sojabohnen, Sonnenblumensamen, Maiskeimen, Oliven, Sesam, Raps, Kürbiskernen, Weizenkeimen und Walnüssen hergestellt. Am meisten Eigengeschmack besitzen die kaltgepressten nativen Öle.

Bedenken Sie bei der Verwendung von Öl als Bratfett, ob Sie für Ihr Essen lieber ein geschmacksneutrales oder ein intensiv schmeckendes Öl verwenden wollen.

Vorsicht vor Kalorien

Wenn Sie zu den Menschen gehören, die sehr auf ihre schlanke Linie achten, dann sollten Sie selbstverständlich auch bei der Verwendung von Sonnenblumenöl und anderen pflanzlichen Fettlieferanten Maß halten. Denn diese halten zwar unsere Zellen in Form und unterstützen die Zellteilung, doch stellen auch sie, ebenso wie die tierischen Fette Butter und Schmalz, die reinsten Energiebomben mit jeder Menge an Kalorien dar. Schon ein Gramm Fett beliefert den Körper mit neun Kilokalorien, und das ist bereits mehr als doppelt so viel wie der Kaloriengehalt von einem Gramm Kohlenhydrate.

Gluten, Seitan und Tofu

Aus Pflanzen, die von Natur aus mit einer extra Portion Eiweiß ausgestattet sind, entstehen Nahrungsmittel, die seit Jahrtausenden vegetarisch lebenden Völkern das lebensnotwendige Protein liefern. Daneben haben sich im Lauf der Jahrhunderte Techniken entwickelt, die aus rein pflanzlichen Nahrungsmitteln wie Tofu, Sojamark und Weizengluten einen bissfesten Fleischersatz entstehen lassen. Gut gewürzt schlägt das Weizen- oder Sojaprotein alle Fleischgerichte, egal, ob als Braten, gekocht oder auf dem Grill. Diesen Kochkünsten verdanken Asiaten, dass sie mit Freuden Vegetarier geblieben und uns westlichen Menschen gesundheitlich überlegen sind.

Gluten ist ein wichtiger Eiweißlieferant in der vegetarischen Küche. Es wird je nach Verwendungszweck in gewürzter Gemüsebrühe gekocht, in Öl gebraten oder mariniert.

Gluten

Dieses Weizeneiweiß kann man auf sehr einfache Weise selbst herstellen. Es gibt jedoch auch Fertigprodukte aus dem Reformhaus oder im Bioversand (siehe Quellennachweis Seite 127) ein für Veganer geeignetes Weizenglutenpulver. Es hat den höchsten Eiweißanteil mit ca. 80 Gramm pro 100 Gramm. Wie das selbst gemachte Gluten (siehe Seite 112) ist es völlig geschmacksneutral und muss daher gut gewürzt werden.

Seitan

Seitan stammt aus Japan. Es besteht aus Weizeneiweiß (Gluten), Sojasauce, Algen und verschiedenen Gewürzen. Je weniger Wasser es enthält, desto zäher und faseriger ist seine Konsistenz. Seitan ist reich an pflanzlichem Eiweiß und Mineralstoffen, vor allem Kalzium.

Tofu

Tofu wird aus Sojamilch gewonnen. In die noch heiße Milch wird als Gerinnungsmittel Kalzium- oder Magnesiumsulfat oder das japanische Bittersalz Nigari gegeben. Bereits nach wenigen Minuten flockt das Eiweiß aus. Darüber setzt sich Molke ab. Die Molke wird abgeschöpft, das Eiweiß kommt in Kästen und wird gepresst.

Tofu ist mittlerweile als vollwertiger und schmackhafter Fleischersatz anerkannt.

Tofu muss kühl aufbewahrt werden. Er besitzt 12 bis 14 Prozent Eiweiß und alle acht essenziellen Aminosäuren, die so ausgewogen vorhanden sind, dass ihre biologische Wertigkeit die von Fleisch, Fisch und Milch übertrifft. Sein Fettgehalt liegt bei vier bis fünf Prozent, wobei die mehrfach ungesättigten Fettsäuren der Sojabohne ebenso wie die B-Vitamine und Mineralstoffe weitgehend erhalten bleiben.

Eine köstliche Möglichkeit, dem Tofu mehr Geschmack zu geben, gelingt durch den Zusatz z. B. von Tamari oder Shoyu, den der Tofu gerne aufnimmt.

Milch und Milchersatz

Milch ist eine beliebte Proteinquelle, deren Eiweiß normalerweise gut vom Körper aufgenommen wird. Leider gibt es heutzutage immer mehr Menschen, die auf Milchprodukte allergisch reagieren. Die Natur hat jedoch vorgesorgt: Die Sojabohnen bieten uns einen wertvollen Ersatz. Die rein pflanzlichen Milchsorten aus Soja gibt es nature, leicht gesalzen, mit und ohne Algenzusätze, oder auch gesüßt.

Nicht nur die Milch macht's

Sojamilch wird in vielen Ländern als Ersatz für Kuhmilch angeboten. Sie wird aus mit Wasser versetzten pürierten Sojabohnen gewonnen und ist Basis für Frischkäse, Tofu und andere Milchprodukte.

Gerade für Kinder, die sich noch im Wachstum befinden, und ältere Menschen, die einer möglichen Osteoporose (Knochenschwund) vorbeugen wollen, ist Kalzium ein unentbehrlicher Bestandteil der täglichen Nahrung. Nur 100 Gramm Tofu liefern stolze 159 Milligramm Kalzium, wobei 100 Gramm Milch »nur« 120 Milligramm enthalten. Wer tierische Produkte nicht verträgt oder nicht zu sich nehmen will, muss dafür sorgen, dass er genug Nährstoffe durch pflanzliche Lebensmittel bekommt. Das für unseren Organismus lebenswichtige Vitamin B12 ist an sich in keinem pflanzlichen Nahrungsmittel enthalten. Die Natur lässt uns jedoch auch damit nicht allein. Mikroorganismen gehen sowohl mit Algen als auch mit Hülsenfrüchten eine Synthese ein und bilden so Spuren von dem wertvollen Vitamin. Ebenso werden beim Gärungsprozess von milchsauer vergorenem Gemüse und beim Fermentationsprozess von Sojasauce, Miso und Tempeh Spuren von Vitamin B12 bereitgestellt. Wichtig ist, dass vegetarische oder vegane Kost diese Produkte so oft wie möglich berücksichtigt.

Käse – vielseitig und gesund

Ebenfalls zu den Milchprodukten gehört der Käse. Genauer gesagt, besteht Käse aus Milchkonzentrat, in dem das Milcheiweiß entweder durch Milchsäurebakterien oder durch Labferment zum Gerinnen gebracht wurde. Der ernährungsphysiologisch wichtigste Bestandteil von Käse ist demnach auch das Milcheiweiß, das hier in wesentlich höherer Konzentration enthalten ist als in Eiern

Einteilung der Käsegruppen

Gruppe	Trockenmassegehalt	Käsesorten
Hartkäse	Mindestens 60%	Emmentaler, Bergkäse, Chester
Halbfester Schnittkäse	Mindestens 44%	Butterkäse, Edelpilzkäse, Weißlacker
Schnittkäse	Mindestens 40%	Gouda, Edamer, Tilsiter
Weichkäse	Mindestens 35%	Camembert, Brie, Romadur, Limburger
Frischkäse	Mindestens 18%	Quark, Doppelrahmfrischkäse
Sauermilchkäse	Kein Mindestgehalt vorgeschrieben	Mainzer, Harzer, Korbkäse, Handkäse

oder in Fleisch. Weitere Inhaltsstoffe sind Fett, die fettlöslichen Vitamine A, D, E und K, deren wasserlösliche Pendants B1 und B2 sowie Phosphor und vor allem Kalzium. Käse beinhaltet überdies kaum unverdauliche Bestandteile, weshalb der Körper seine Nährstoffe fast vollständig umsetzen kann. Trotzdem machen ihn sein Fett- und Eiweißgehalt nicht gerade zu einem leicht verdaulichen Lebensmittel.

Als Zutat zu Gemüsegerichten oder als geriebe Würze ist Käse ideal.

Obst

Ähnliche Qualitäten wie die verschiedenen Gemüsesorten bietet frisches Obst. Es ist fett-, eiweiß- und cholesterinarm, ballaststoffreich und eine reiche Quelle für

Vitamine, insbesondere Vitamin C. In der Regel haben die Gemüse ein breiteres Spektrum an Vitaminen und Mineralien zu bieten. Obst, ob frisch oder als Dessert, bietet jedoch eine erfrischende Abwechslung auf dem Speiseplan. Frisches Obst ist reich an natürlichem Fruchtzucker, so dass ein mit Obst zubereitetes Müsli oder ein Dessert ohne zusätzlichen Zucker oder Honig auskommt. Ebenso wie Gemüse sollten Sie Obst dem Angebot der Saison entsprechend einkaufen.

Viele Menschen zuckern die Ananas, damit die Frucht mehr Wasser abgibt und die Säure geschmacklich gelindert wird. Zucker als Zusatzstoff ist aber immer problematisch; verzichten Sie lieber auf den Zucker, und wählen Sie reifere Früchte, die nicht mehr sauer sind.

Ananas

Es gibt verschiedene Obstsorten, denen über ihren normalen Vitamingehalt hinaus auch noch besondere Heilkräfte nachgesagt werden. Dazu gehört die aus Mittel- und Südamerika stammende Ananas. Sie enthält viel Vitamin C und die Mineralstoffe Kalzium, Phosphor, Eisen und Kalium. Daneben sind Fruchtsäuren, Vanillin, ätherisches Öl und das Verdauungsenzym Bromelain vorhanden. Mit einem Glas frischem oder vergorenem Ananassaft kann man daher auf natürliche Weise die Darmtätigkeit anregen. Der hohe Vitamingehalt der Frucht wirkt vorbeugend gegen verschiedene Krankheiten, besonders gegen die so genannten Winterleiden. Ananasfrüchte in Dosen besitzen übrigens nur noch einen minimalen Gehalt an wertvollen Biostoffen.

Brombeere

Vollreife Brombeeren schmecken nicht nur am besten, sondern sind auch besonders reich an wertvollen Fruchtsäuren, Mineralstoffen und Vitaminen. Leicht angewärmt getrunken, ist Brombeersaft ein gutes Gegenmittel bei Heiserkeit. Tee aus Brombeerblättern wirkt wegen seines Gerbstoffgehalts hilfreich bei leichtem Durchfall und entzündeten Schleimhäuten.

Erdbeere

Für die meisten Menschen sind die von Mai bis Juni wachsenden Erdbeeren die köstlichsten unter den Beerenfrüchten. Die reifen roten Erdbeeren sind besonders gehaltvoll an Vitamin C. Außerdem enthalten sie Fruchtsäuren, Eisen, Kalium, Kalzium, Magnesium, Zink und weitere Mineralien. Ihre Wurzeln und Blätter werden in der Volksmedizin als heilkräftige Tees bei Magen- und Darmleiden eingesetzt.
Besonders geschätzt ob der hohen Konzentration aller genannten Inhaltsstoffe ist die Walderdbeere, die auch aromatischer schmeckt als die Gartenerdbeere. Auch sie ist ein natürlicher Helfer bei Herzbeschwerden, Leber- und Gallenblasenleiden, Energiemangel oder bei Verstopfungsbeschwerden.

Die Kombination von Beeren mit Joghurt oder Quark ist gerade im Sommer eine erfrischende und gesunde Nachspeise oder Zwischenmahlzeit.

Himbeeren

Bis in den Spätsommer hinein wachsen Himbeeren, deren Geschmack übrigens umso aromatischer ist, je »kärglicher« ihre Herkunft ist. Die wild am Wegesrand wuchernden Beeren sind daher oft schmackhafter als die sorgsam im Garten gezogenen. Wie dem Saft der Brombeeren wird auch dem Himbeersaft eine heilende Wirkung beigemessen. Und auch aus ihren Blättern kann man gerbstoffreiche Tees zubereiten, die bei Schleimhautentzündungen oder bei Durchfallerkrankungen helfen können. Gemischt mit Brombeer- und Erdbeerblättern kann man außerdem einen gut verträglichen Haustee zubereiten. Himbeerfrüchte sind reich an B-Vitaminen, dem Provitamin A, Kalium, Eisen, Kalzium sowie Magnesium. Daher beugen sie Sehschwäche und Nachtblindheit vor und stellen ein heilendes Nahrungsmittel bei Leber- und Nierenschwäche dar.

Honigmelone

Obwohl die Melone eine Gemüseart ist, verbindet man hier zu Lande mit ihrem Genuss etwas Fruchtiges. Sie wird häufig als Vor- oder Nachspeise gereicht. Honigmelonen enthalten wenig Kalorien, sind reich an Vitamin C, Beta-Karotin und Kalium. Dieser harntreibende Wirkstoff kann in höheren Konzentrationen den Blutdruck senken. Zudem wirkt der in Honigmelonen enthaltene Biostoff Adenosin blutverdünnend und schützt so vor Herzinfarkt. Das Vitamin C des gesunden (Frucht-)Gemüses unterstützt das körpereigene Abwehrsystem. Die enthaltenen Beta-Karotine machen die Honigmelone außerdem zu einem häufig empfohlenen natürlichen Mittel zur Krebsprophylaxe. Honigmelonen werden importiert, weshalb man sie das ganze Jahr über genießen kann. Beim Kauf sollte sich die Frucht fest anfühlen und am Blütenansatz leicht duften.

Selbstverständlich gehört auch die Wassermelone zu den gesunden Obstsorten. Aber sie ist bei weitem nicht so reich an gesunden Inhaltsstoffen wie die Honigmelone.

Johannisbeere

Die eigentümlich herben schwarzen Johannisbeeren wachsen am Strauch und werden im Hoch- bis Spätsommer geerntet. Sie wirken unterstützend und ausgleichend auf alle grundlegenden Körperfunktionen. Die reifen Früchte sind besonders reich an Vitamin C und stärken somit das Immunsystem. 35 bis 40 Früchte decken bereits den Tagesbedarf. Die Farbstoffe der Beeren enthalten Karotene, die in unserem Stoffwechsel zu Vitamin A verarbeitet werden. Ergänzende Wirkstoffe der Schwarzen Johannisbeere sind Vitamine der B-Gruppe, Mineralien und zusammenziehende Gerbstoffe. Letztere sind sehr hilfreich bei Magen-Darm-Beschwerden. Die Blätter der Schwarzen Johannisbeere kann man trocknen und Tee daraus zubereiten.

Papaya

Diese exotische Frucht, die an Melonenbäumen wächst, wird gerne als Dessert oder Kompott gegessen. Das gelbe Fruchtfleisch der reifen Papayas enthält verschiedene Enzyme, die anregend auf die Verdauung und die Gallenblase wirken. Die Zugabe von Papayafruchtfleisch macht schwerer verdauliche Speisen gut verträglich, da das Papain dabei hilft, mehr Verdauungsenzyme zu bilden. Papayasaft reguliert die Magen- und Gallenblasentätigkeit sowie die Leberfunktionen und wirkt entgiftend. Auch die Einnahme des aus Papayablättern gewonnenen Tees kräftigt den Verdauungstrakt.

Zitrone

Im Fruchtfleisch der Zitrone sind Vitamin C und hochwertige Bioflavonoide (Pflanzenschutzstoffe) enthalten, die die Wirkung des Vitamins wesentlich erhöhen. Vitamin C ist direkt oder indirekt an allen Enzymreaktionen im Körper beteiligt. Es schützt Zellen und Zellkerne vor freien Radikalen und ist damit der wirkungsvollste Helfer in unserem Immunsystem. Es fördert die Funktion unserer weißen Blutkörperchen, der Lymphozyten, und der »Fresszellen«. Gerade bei Infektionen, grippalen Infekten und Fieber sollte besonders viel an natürlichem Vitamin C verabreicht werden. Vitamin C hat jedoch auch noch andere Funktionen: Es bewahrt andere Vitamine und biologische Wirkstoffe vor Oxidation, da es Zellen Sauerstoff zuführen bzw. wegnehmen kann. Eine weitere Aufgabe des Vitamin C liegt im Bereich der körpereigenen Energie. Ohne Vitamin C wären wir ständig müde, schlapp und »schlecht drauf«. Ideal für gesunde Menschen sind mindestens zwei dieser gelben, sauren Früchte pro Tag.

Zitronensaft eignet sich auch zum Kochen. Gerade in warmen Saucen oder zu Currygerichten gibt es dem Essen eine süßsaure Komponente, die die Speise noch pikanter macht.

Vegetarisches für Gäste

Wer fleischlos mit karg oder ärmlich gleichsetzt, hat noch nie die Fülle der fleischlosen Küche Asiens genossen. In Indien misst man die Kochkunst daran, wie gut jemand vegetarisch kochen kann. Auch bei uns im Westen gibt es zwei Strömungen der fleischlosen Tradition: Gerichte wie Gemüsestrudel oder Dampfnudeln mit Vanillesauce entspringen der bäuerlichen Küche und dem römisch-katholischen Freitagsgebot. Die moderne vegetarische Ernährungsform ist in diesem Jahrhundert im Bürgertum entstanden. Vorwiegend Künstler und Intellektuelle entwickelten ein neues Bewusstsein für den Körper und die Gesetze der Natur.

Fleischersatz oder nicht – das ist die Frage: Wer keine tierischen Produkte mehr möchte, aber dennoch pikante, deftige Gerichte bevorzugt, wird gerne auf die Vielfalt von Gluten-, Soja-, Tofubraten & Co. zurückgreifen.

Große fleischlose Küche

Wer sich gesund und fleischlos, aber nicht ausschließlich von Gemüse und Getreide ernähren möchte, wird mit Begeisterung die Rezepte für Tofu-, Nuss-, Weizengluten- oder Linsenbraten, Schnitzel, Rouladen, Gulasch und Sauerbraten aufgreifen. Sie schmecken nicht nur »tierisch« gut und lassen besonders während der Umstellung auf vegetarische Kost nicht das Gefühl entstehen, nur Beilagen zu essen. Sie versorgen den Körper mit einem ausgewogenen Verhältnis von wertvollem Eiweiß, Lezithin, Mineralien, Vitaminen und Ballaststoffen. Außerdem lassen sie sich für größere Festessen gut vorbereiten. So können Sie in entspannter Atmosphäre sich und Ihren Gästen etwas Gesundes bieten!

Tofu-Cashewnuss-Braten

Mit einem Nussbraten werden Sie immer Eindruck bei Ihren Gästen machen. Aber Vorsicht, er ist enorm sättigend! Bedenken Sie das bei der Berechnung der Beilagen.

Zutaten für 8 Personen

400 g Tofu • 1/2 TL schwarzer Pfeffer • 5 EL Sojasauce
2 Gemüsezwiebeln • 2 Knoblauchzehen • 200 g Champignons • 5 EL Erdnuss- oder Sojaöl • 1 TL Gemüsebrühe, gekörnt • 1 Bund Petersilie • 150 g geröstete Cashewkerne, gesalzen • 50 g Hefeflocken • 50 g Haferflocken • Schale und Saft von 1/2 Zitrone • 2 EL Senf, mittelscharf
2 EL Lezithin flüssig (siehe Quellennachweis Seite 127)
Gemüsebrühe nach Bedarf

1 Tofu abtropfen lassen, mit einer Gabel zerdrücken, pfeffern und mit der Sojasauce verrühren.

2 Zwiebeln und Knoblauch abziehen und klein würfeln.

3 Champignons trocken abwischen und blättrig schneiden.

4 In einer Pfanne 5 Esslöffel Öl erhitzen, die geschnittenen Zutaten zufügen und glasig braten lassen. Mit der Gemüsebrühe würzen. Den Tofu zufügen und kurz anbraten.

5 Petersilie waschen und klein hacken, mit den Hefe- und Haferflocken, Zitronenschale, Senf und Lezithin vermengen. Sollte die Masse zu bröselig sein, so viel Gemüsebrühe zufügen, bis sie sich zu einem Kloß formen lässt.

6 Die Cashewkerne grob zerkleinern.

7 3 Esslöffel Öl in eine Kastenform geben, die Form schwenken, damit sich das Öl gleichmäßig verteilt, die Cashewkerne auf den Boden streuen, den Braten hineingeben, mit 2 Esslöffel Öl beträufeln, mit Folie abdecken.

8 Bei 190 °C (Gas Stufe 3) ca. 60 Minuten braten. Dabei einige Male etwas Gemüsebrühe und Bratenfond über den Braten träufeln.

9 Den Braten in der Form etwas abkühlen lassen, vorsichtig stürzen und in Scheiben geschnitten servieren.

Variante Statt Hafer- und Hefeflocken kann man auch körnig gekochten Reis oder zerkrümelten Tofu verwenden.

Linsen-Nuss-Ring mit Peperonata

Zutaten für 8 Personen

1 Dose braune Linsen • Cornflakes • 2 Knoblauchzehen 1 Bund Petersilie • 150 g geröstete Haselnüsse, gemahlen Tomatensaft • Sojasauce • 5 EL Erdnuss- oder Sojaöl Semmelbrösel • 1 Portion Peperonata (Rezept siehe Randspalte) • Thymianzweige

1 Linsen abtropfen lassen, mit einer Gabel zerdrücken und mit so viel zerbröselten Cornflakes verrühren, dass eine feste Masse entsteht.

2 Knoblauch abziehen und dazupressen, Petersilie waschen und klein hacken.

3 Haselnüsse und so viel Tomatensaft zufügen, dass eine Masse entsteht, die sich gut formen lässt. Mit Sojasauce kräftig würzen.

4 3 Esslöffel Öl in eine geschlossene Ringform (keine Springform) geben, die Form schwenken, damit sich das Öl gleichmäßig verteilt, mit den Semmelbröseln ausstreuen und den Braten hineingeben. Mit 2 Esslöffeln Öl beträufeln und bei 190 °C (Gas Stufe 3) ca. 60 Minuten braten.

5 Den Braten in der Form etwas abkühlen lassen, stürzen und in die Mitte des Ringes die Peperonata füllen.

6 Mit Thymianzweigen garnieren. Sofort servieren.

Zutaten für die Peperonata: 500 g Paprika, 1 Zwiebel, 2 Knoblauchzehen, 250 g Tomaten, Olivenöl, Kapern, Tabascosauce, Balsamicoessig Zubereitung: Schmoren Sie Paprikastreifen, Zwiebelstücke und zerdrückten Knoblauch in Olivenöl an. Nach 15 Minuten Tomaten aus der Dose, Kapern, Tabasco und Balsamicoessig zugeben. Kalt oder warm servieren.

Vegetarisch Grillen

Das Grillen vegetarischer Nahrungsmittel bietet eine Vielzahl schmackhafter Zubereitungen, die Sie im Kreis Ihrer Familie oder Ihrer Gäste genießen können. Bei einer vegetarischen Grillparty kommt sogar der eine oder andere »eingefleischte« Nichtvegetarier auf den Geschmack und verzichtet in Zukunft vielleicht leichteren Herzens auf das liebgewonnene anabolikahaltige Schweinekotelett oder den schwermetallhaltigen Steckerlfisch.

Bunte Spieße

2 Gluten- oder Seitanschnitzel • Salz, Pfeffer • 1 Scheibe Tofu (ca. 1 cm dick) 1 Scheibe Räuchertofu (ca. 1 cm dick) je 1 grüne und gelbe Paprikaschote 4 Schalotten • 8 Radieschen oder Cocktailtomaten • Holzspieße

- Gluten- oder Seitanschnitzel nach Grundrezept zubereiten. Die Schnitzel abtropfen lassen, salzen, pfeffern.
- Tofu- und Räuchertofu in größere Würfel schneiden.
- Den Paprika entkernen und ebenfalls in größere Würfel schneiden.
- Schalotten schälen und halbieren, die Radieschen oder die Cocktailtomaten waschen und trockentupfen.
- Sämtliche Zutaten in bunter Reihenfolge auf Holzspieße stecken und auf dem geölten Rost garen.

Tipp: Für Gemüsespieße verwenden Sie statt den Sojaprodukten pro Person 4 Champignonköpfe.

Gefüllte Champignons

8 Riesenchampignons • 2 EL Olivenöl 1 Schalotte • 2 Messerspitzen Knoblauchpulver • 1/2 Bund Basilikum 1/2 Bund Petersilie • Salz, Pfeffer 2 EL Semmelbrösel • 100 g Käse, gerieben

- Champignons säubern, Stiele herausdrehen, Pilzkappen aushöhlen.
- Öl in einer Pfanne erhitzen und die Champignons anbraten; wieder herausnehmen.
- Schalotten schälen, mit Champignonstielen und dem Ausgehöhlten sehr klein hacken. In das heiße Öl geben und 5 Minuten braten.
- Petersilie und Basilikum klein hacken, mit den Gewürzen und den Semmelbröseln zugeben.
- Pilze salzen und pfeffern, mit der Masse füllen.
- Den Käse darüber streuen und die gefüllten Champignons ca. 5 Minuten fertig grillen.

Grilltomaten mit Kräutern

4 Fleischtomaten • 1 Bund Basilikum 1/2 Bund Petersilie • 1 Zweig Rosmarin 1 Zweig Thymian • 1 Knoblauchzehe 100 g Mozzarella • 50 g Semmelbrösel Salz, Pfeffer • 1 EL Olivenöl

- Tomaten waschen und Kappen abschneiden, mit einem Teelöffel das Fruchtfleisch entfernen.
- Kräuter waschen, trockenschleudern und klein hacken.
- Knoblauchzehen schälen und durch die Presse drücken.
- Mozzarella abtropfen lassen, würfeln, salzen und pfeffern.
- Alle Zutaten mischen, die ausgehöhlten Tomaten mit der Käse-Kräuter-Mischung füllen und die Kappe aufsetzen.
- Bei schwacher Glut 10 bis 15 Minuten grillen.

So grillen Sie richtig

Die zum Grillen notwendige Holzkohle erhalten Sie in Baumärkten und Gartencentern. Eine sehr umweltfreundliche Alternative sind die aus Kokosnussschalen hergestellten »Briketts«. Auch trockenes Hartholz kann verwendet werden, allerdings nur das von Laubbäumen (Buche, Birke und Wacholder).

Gemüsegrillteller

2 kleine Fenchelknollen • 1 Aubergine 1 Zucchini • 2 Maiskolben • 1 Bund Frühlingszwiebeln • 1 Zweig Rosmarin • Öl • etwas Gemüsebrühe, gekörnt Salz, Pfeffer

- Fenchel putzen, in Salzwasser knackig garen und achteln.
- Aubergine und Zucchini waschen, putzen und in 1 Zentimeter dicke Scheiben schneiden.
- Die Maiskolben sorgfältig von Blättern und den Haaren befreien.
- Frühlingszwiebeln waschen und putzen.
- Das vorbereitete Gemüse mit Öl bepinseln, auf den Rost legen, mit Rosmarinblättern bestreuen und knackig grillen.
- Vor dem Servieren mit Gemüsebrühe, Salz und Pfeffer bestäuben.

Grillkartoffeln

1 kg Kartoffeln, mehlig kochend (möglichst gleich groß)

- Die Kartoffeln gut bürsten, mit einer Gabel rundherum einstechen, damit sie nicht platzen.
- Kartoffeln in die schwache Glut legen und mit Asche bedecken.
- Nach ca. 1 Stunde herausnehmen, abreiben und die Kartoffeln je nach Geschmack mit Butter, Kräutersalz oder als Beilage servieren.

Haselnussbraten in Blätterteig

Das Häutchen, mit dem die Natur die Muskatnuss überzieht, wird getrocknet und kommt als rote Muskatblüte (Makisblüte) in den Handel. Weihnachtsgebäck, Lebkuchen, aber auch pikante Braten bekommen durch sie den letzten »Pfiff«.

Zutaten für 8 Personen

Für den Nussbraten: 2 große Zwiebeln • 50 g Butter
500 g Haselnüsse, fein gemahlen • 250 g frische feine Brotkrumen • 1 TL getrockneter Thymian • 3 EL Zitronensaft
je 1 Prise frisch geriebene Muskatnuss, gemahlene Nelken, Zimt und Muskatblüte • Salz, frisch gemahlener schwarzer Pfeffer

Für die Füllung: 75 g Butter • 250 g frische feine Weißbrotkrumen • 25 g Petersilie, gehackt • abgeriebene Schale von 1 unbehandelten Zitrone • 1 EL Zitronensaft
je 1 TL getrockneter Thymian und Majoran
1 EL geriebene Zwiebel

Blätterteig: 450 g tiefgefrorener Blätterteig, aufgetaut

Zum Garnieren: Sahne zum Bestreichen • 8 Klementinenhälften, mit Preiselbeeren gefüllt • Thymianzweige

1 Für den Nussbraten die Zwiebeln hacken und 10 Minuten in der Butter weich dünsten, aber nicht bräunen.

2 Vom Herd nehmen und Haselnüsse, Brotkrumen, Thymian, Zitronensaft und Gewürze zufügen.

3 Für die Füllung Butter, Weißbrotkrumen, Petersilie, Zitronenschale und -saft miteinander vermischen. Mit Thymian, Majoran und Zwiebel würzen.

4 Den Backofen auf 200 °C (Gas Stufe 3 bis 4) vorheizen.

5 Den Teig auf der bemehlten Arbeitsfläche zu einem etwa 30 mal 35 Zentimeter großen Rechteck ausrollen.

6 Die Füllung zu einer etwa 25 Zentimeter langen Rolle formen und in die Mitte des Teigrechtecks legen. Die Nussbratenmasse darüber häufen, so dass die Füllung bedeckt ist.

7 Die Teigränder hoch schlagen, so dass die Nussmischung eingeschlossen ist, die Ränder fest zusammendrücken und dann mit der Nahtseite nach unten auf ein feuchtes Backblech setzen. Den Teig oben gitterartig einschneiden.

8 1 oder 2 Dampflöcher in den Braten stechen. Aus den Teigresten Blüten formen und damit den Braten verzieren. Mit der Sahne bestreichen. 30 Minuten im Backofen knusprig backen. Mit den Klementinenhälften und Thymian garnieren.

Luzerner Käsepfanne

Zutaten für 4 Personen
500 g Vollkornnudeln • 1 Gemüsezwiebel • 2 EL Butterschmalz • 2 Knoblauchzehen • 300 g Hartkäse, gerieben Salz, schwarzer Pfeffer • geriebene Muskatnuss

Zur Luzerner Käsepfanne passt – wie zu allem, was Käse und Zwiebeln enthält – ein kräftiger, herber Weißwein.

1 Die Vollkornnudeln bissfest garen.
2 Inzwischen Zwiebel abziehen, in Ringe schneiden und im heißen Butterschmalz goldgelb braten.
3 Knoblauch abziehen, pressen, kurz mit mit der Zwiebel braten.
4 Die Vollkornnudeln abseihen und schichtweise mit dem Käse in eine Pfanne geben, salzen, pfeffern und mit Muskat würzen. Zum Schluss die gebräunte Zwiebel und den Knoblauch darüber verteilen. Mit grünem Salat servieren.

Tipp Ganz besonders gut schmeckt diese Käsepfanne mit selbst gemachten Nudeln oder Spätzle.
Variante Knackig gebratenes Gemüse wie Fenchel oder Chinakohl mit den Nudeln vermischen.

Vegetarischer Rollbraten

Zutaten für 8 Personen

400 g Glutenmehl (siehe Quellennachweis) • 50 g Hefeflocken • 1/2 TL schwarzer Pfeffer • 2 EL Gemüsebrühe, gekörnt • 1 mittelgroße Zwiebel • Schale von 1/2 Zitrone 200 g Tomatensaft • 1/2 TL Zuckercouleur (siehe Quellennachweis) • 5 EL Kräuteröl • 2 EL Lezithin flüssig (siehe Quellennachweis) • Wasser • 10 EL Erdnuss- oder Sojaöl 10 Wacholderbeeren • 5 Knoblauchzehen • Salz, 1/2 TL schwarzer Pfeffer • 2,5 m Rollgarn oder dünne, überbrühte Paketschnur zum Einrollen • Öl • 1/4 l Gemüsebrühe

Der vegetarische Rollbraten eignet sich hervorragend als Beilage zu gedünstetem Gemüse aller Art. Auch zu pikant zubereiteten Hülsenfrüchten ist er eine gute Ergänzung.

1 Glutenmehl, Hefeflocken, Pfeffer und gekörnte Gemüsebrühe verrühren.

2 Zwiebel abziehen, vierteln und mit der Zitronenschale im Mixer zerkleinern.

3 In einen Messbecher Tomatensaft, Zuckercouleur, Kräuteröl, Lezithin und gemixte Zwiebel geben, mit Wasser auf 500 Milliliter auffüllen.

4 Durchrühren, über das Gemisch gießen, rasch durchkneten und die Masse zu einem Kloß formen. Sofort mit einem Nudelholz zu einer tellergroßen Platte ausrollen.

5 In einer Pfanne 5 Esslöffel Öl erhitzen, die Platte vorsichtig in das Öl gleiten lassen und kurz auf einer Seite anbraten, Herd abschalten und etwas abkühlen lassen.

6 In der Zwischenzeit Wacholderbeeren und Knoblauch mit dem Salz im Mörser zerstoßen oder mixen und den Pfeffer zufügen.

7 Diese Gewürzmischung auf der ungebratenen Seite der Teigplatte verteilen und etwas abkühlen lassen.

8 Den Braten so fest wie möglich aufrollen und mit Garn umwickeln.

9 In eine geölte Kastenform legen, mit der Hälfte der Gemüsebrühe beträufeln, mit Folie abdecken.
10 Bei 180 °C ca. 90 Minuten braten. Dabei einige Male etwas Gemüsebrühe und Bratenfond über den Braten träufeln.
11 Vom fertig gegarten Braten die Schnur abschneiden und den Braten in Scheiben geschnitten servieren. Dazu den angedickten Bratenfond oder die Bratensauce (siehe Rezept Seite 95) reichen.

Gefüllte Kürbisblüten

Zutaten für 4 Personen
12 Kürbisblüten • 4 große Champignons • 1 Schalotte 1 Bund Koriander • 1/2 Bund Petersilie • 2 EL Kräuter-Knoblauch-Öl • 1/2 TL Salz • 1/4 TL schwarzer Pfeffer • 2 EL Semmelbrösel • 2 EL Kräuterfrischkäse

1 Die Kürbisblüten kurz unter fließendem Wasser abbrausen und die Blütenstempel entfernen.
2 Die Champignons mit einem feuchten Haushaltspapier abwischen, halbieren und blättrig schneiden.
3 Schalotte, Koriander, Petersilie und Blüten klein hacken. Öl erhitzen. Die geschnittenen Zutaten im heißen Öl 8 Minuten braten.
4 Mit Salz und Pfeffer würzen. Semmelbrösel und Frischkäse zufügen und sorgfältig vermengen.
5 Die Kürbisblüten mit der noch warmen Masse füllen, die Blüten zudrehen. In heißem Öl auf jeder Seite 5 Minuten goldbraun braten oder grillen.
Tipp Kann einen Tag vor dem Grillfest vorbereitet werden.

Koriander ist der Kosmopolit unter den Küchenkräutern: Das frische Grün gehört zu den Küchen Nordafrikas, Mexikos, Thailands und Vietnams, während Nord- und Mitteleuropäer eher die Früchte bevorzugen.

Tofu-Gemüse-Spießchen

Zutaten für 4 Personen

Marinade: 3 Stangen Zitronengras (Asienläden) • 2 Knoblauchzehen • 4 EL Tamari • 2 EL Sesamöl • 1/4 TL schwarzer Pfeffer • 2 EL Kokoscreme (Asienläden)

Spieße: 4 dicke Tofuscheiben • 8 Champignons • 4 kleine Zwiebeln • 1 kleine Gurke • 4 frische Feigen • 1 dicke Scheibe Ananas • 2 EL Crème fraîche

Geschmacklich aufgewertet werden die Tofu-Gemüse-Spießchen, wenn Sie zusätzlich zur aus der Marinade hergestellten Sauce noch die Ernusssauce von Seite 97 reichen.

1 Zitronengras mit einem Nudelholz kurz auswellen, um den Geschmack zu intensivieren. In eine Schüssel geben und die abgezogenen Knoblauchzehen dazupressen.

2 Mit Tamari, Sesamöl, Pfeffer und Kokoscreme zu einer Marinade verrühren.

3 Den Tofu in 16 gleich große Würfel schneiden und 1 Tag lang in der Marinade ziehen lassen.

4 Am nächsten Tag Champignons säubern, Zwiebeln schälen und halbieren, von der Gurke 16 ca. 2 Zentimeter dicke Scheiben abschneiden.

5 Die Feigen waschen und halbieren. Die Ananasscheibe in 8 gleich große Stücke schneiden. Den Tofu aus der Marinade nehmen und abtropfen lassen. Abwechselnd Tofu, halbierte Zwiebeln, Gurke, Ananas, Champignons auf die Spießchen stecken, dabei die halbe Feige jeweils in die Mitte des Spießchens platzieren.

6 Die Marinade erhitzen, Crème fraîche zufügen und sorgfältig verrühren. Getrennt zu den Spießchen servieren. Dazu passen neue Kartoffeln in der Schale oder Reis, aber auch ein knusprig getoastetes Baguette.

Variante Statt Tofu können sowohl Gluten- wie auch Seitanstücke verwendet werden.

Zucchinischnitzel mit Rucolapesto

Zutaten für 4 Personen
1 große Zucchini • Räuchersalz, Pfeffer • 1 Bund Basilikum 1 Bund Rucola • 100 g Pinienkerne, geröstet • 1/2 TL Salz 2 Zehen Knoblauch • 12 Scheiben Mozzarella • Öl

1 Zucchini waschen, in 24 Scheiben zu je 1/2 Zentimeter Dicke schneiden, salzen und pfeffern.
2 Basilikum, Rucola, Pinienkerne, Salz und Knoblauch zu einer Paste pürieren und damit den Mozzarella auf einer Seite bestreichen.
3 Die Zucchinischeiben auf einer Seite grillen, wenden und 12 Scheiben mit dem bestrichenen Mozzarella belegen. Die restlichen 12 Scheiben mit der gegrillten Seite auf die Mozzarellascheiben legen.
4 Auf beiden Seiten grillen, bis der Käse geschmolzen ist.

Wenn Sie keinen Rucola bekommen, versuchen Sie es doch einmal stattdessen mit Löwenzahnsalat. Aber Vorsicht, er schmeckt etwas bitter!

Tofuburger

Zutaten für 4 Personen
300 g Tofu • 1 kleine Zwiebel • 1 Bund Petersilie Schale von 1/4 Zitrone • 1/2 TL weißer Pfeffer • Cornflakes nach Bedarf • 2–3 EL Öl

1 Den zerdrückten Tofu in eine Schüssel geben.
2 Zwiebel und Petersilie klein hacken, mit der Zitronenschale und Pfeffer würzen.
3 So viel zerkrümelte Cornflakes zufügen, bis sich die Masse gut formen lässt.
4 Bratlinge formen und in heißem Öl auf jeder Seite 5 Minuten knusprig braten.

Suppen – ein Loblied auf die Löffelspeise

Suppen gelten als die klassische Vorspeise der deutschen Küche. Kaum eine Speise hat so viele Gesichter, wie eben diese zum Löffeln, wie die folgenden Rezepte zeigen. Von den Gemüsebrühen und Suppensnacks, über deftige Eintöpfe bis zu süßen Nachspeisen ist dem Ideenreichtum keine Grenze gesetzt.

Gehaltvoller flüssiger Auftakt

Kaufen Sie möglichst frisches Obst und Gemüse. Schon eine kurze Lagerzeit lässt die licht- und sauerstoffempfindlichen Vitamine A, B1, C und E verfliegen. Die wasserlöslichen Vitamine wie C, B, Biotin und Folsäure bleiben uns bei der frisch zubereiteten Suppenmahlzeit erhalten, denn hier wird nichts ausgelaugt oder die Vitamine samt dem Kochwasser weggegossen. Verzichten Sie auf Suppen aus Dose oder Päckchen. Ihr Anteil an minderwertigen Fetten, Zucker, Konservierungs- und Geschmacksstoffen belastet den Organismus. Nicht selten sind auch unerwünschte tierische Zusätze enthalten. Frieren Sie lieber Ihre selbst gemachten Suppen ein, damit Sie stets eine schnelle Mahlzeit zur Hand haben. Mit Kräutern, Sonnenblumen- oder Kürbiskernen garniert oder mit einer Scheibe Vollkornbrot ergänzt, sind Suppen besonders familienfreundlich, wenn Kinder zu unterschiedlichen Zeiten aus Schule und Kindergarten kommen oder wenn am Abend noch ein schnelles Essen gekocht werden soll.

Als würzige Grundlage für Suppen und Saucen eignet sich der Kochsud von Gluten oder Seitan. Auch eine Gemüsebrühe lässt sich sehr gut als Basis verwenden.

Kartoffelsuppe

Kartoffeln enthalten viel Vitamin B1. Dieses Vitamin ist wichtig für gute Nerven, geistige Frische, Appetit, Herzfunktion, Verdauung und Wundheilung.

Zutaten für 4 Personen

1 kg Kartoffeln • 2 Tomaten • 1 Zwiebel • 1 Möhre
1 Stange Lauch • 1 Petersilienwurzel • 2 EL Öl • 1 TL Majoran
2 TL Kräutersalz • 2 TL Gemüsebrühe, gekörnt • 1/2 TL Paprika, edelsüß • 1 l Wasser • 1 TL Essig • 2 EL Petersilie, gehackt

1 Kartoffeln schälen und in Scheiben schneiden (dabei 1 kleine Kartoffel zurückbehalten).

2 Die Tomaten häuten, würfeln, zur Seite stellen.

3 Zwiebel, Möhre, Lauch und Petersilienwurzel klein schneiden.

4 Das Öl in einem Topf erhitzen, Majoran und Kartoffelscheiben darin kurz anbraten, dann das klein geschnittene Gemüse zugeben und ebenfalls andünsten.

5 Tomatenwürfel, Kräutersalz, gekörnte Gemüsebrühe und Paprika zufügen, nach und nach mit Wasser aufgießen

6 Die Suppe ca. 30 Minuten bei niedriger Hitze kochen lassen, gelegentlich umrühren.

7 Die zurückbehaltene Kartoffel fein reiben, zugeben und alles nochmals aufkochen lassen.

8 Den Essig unterrühren und mit gehackter Petersilie servieren.

Apfelsuppe

Zutaten für 4 Personen

500 g säuerliche Äpfel (Boskop, James Grieve oder gute Granny Smith) • 1 1/2–2 l Wasser • 100 g Zucker oder 4 EL Honig • 2 TL Speisestärke • 1 Prise Salz • Zimtpulver nach Geschmack • 250 g saure Sahne • Schale und Saft von 1 unbehandelten Zitrone

1 Äpfel schälen und würfeln. Mit Wasser und Zucker aufkochen und zugedeckt bei schwacher Hitze in 5 bis 10 Minuten weich kochen.
2 Die Speisestärke mit Wasser verrühren und zur Suppe geben. Unter Rühren kurz aufkochen, mit Salz und Zimt würzen. Die saure Sahne zufügen, nochmals erwärmen, jedoch nicht mehr kochen lassen. Von der Kochstelle nehmen. Mit Zitronensaft und abgeriebener Zitronenschale nach Bedarf abschmecken.

Maissuppe mit Austernpilzen

Zutaten für 2 Personen
3 frische Maiskolben • 200 g Austernpilze • 2 Knoblauchzehen • 1 Zwiebel • 1 EL Öl • Salz, Pfeffer • 400 ml Gemüsebrühe • 1 kleine Chilischote, in Ringe geschnitten

Wer es milder mag, kann als Ersatz für Chili Korianderblätter verwenden. Danach nicht mehr kochen lassen!

1 Maiskolben mit dem dickeren Ende nach unten auf die Arbeitsfläche stellen und die Körner mit einem scharfen Messer abschneiden. Austernpilze putzen und in Streifen schneiden. Knoblauch und Zwiebel fein hacken.
2 Das Öl erhitzen und den Knoblauch darin hellbraun anbraten. Die Zwiebel zugeben und glasig braten. Mais hinzufügen, mit Salz und Pfeffer würzen. Zugedeckt bei mittlerer Hitze 5 Minuten dünsten.
3 Gemüsebrühe zugießen und aufkochen. Die Austernpilze zugeben und im halb geschlossenen Topf etwa 10 Minuten bei mittlerer bis schwacher Hitze garen.
4 Topf von der Kochstelle nehmen, die Chiliringe in die Suppe geben und etwa 5 Minuten ziehen lassen.

Vegetarische Gulaschsuppe

Tofu selbst herzustellen zahlt sich nur aus, wenn man eine gute und preiswerte Einkaufsquelle für Sojabohnen hat. Der in Bioläden und Reformhäusern angebotene Tofu ist qualitativ sehr gut – Sie können guten Gewissens darauf zurückgreifen.

Zutaten für 4 Personen

150 g Seitan • 200 g Tofu • 250 g Champignons
3 mittelgroße Kartoffeln • 1 rote Paprikaschote
1 grüne Paprikaschote • 2 Tomaten • 3 Zwiebeln • 3 EL Öl
1 TL Räuchersalz • 1 TL Gemüsebrühe, gekörnt
1/2 TL Pfeffer • 1 TL Kümmel • 1 TL Majoran • 2 TL Paprikapulver, edelsüß • 1 TL Tomatenmark • 2 EL Arrowroot oder Reismehl • 2 EL Tamari • 1 TL Essig

1 Den Seitan und den Tofu waschen, trockentupfen und in Würfel schneiden.

2 Champignons, Kartoffeln, Paprikaschoten, Tomaten und Zwiebeln säubern und klein würfeln.

3 Das Öl in einem Topf erhitzen und zunächst die Zwiebeln darin glasig andünsten.

4 Dann die Seitan- und Tofuwürfel zugeben und anbraten.

5 Als nächstes die Champignons zufügen, Salz, Gemüsebrühe, Pfeffer, Kümmel und Majoran mit anrösten.

6 Das restliche Gemüse unter Rühren untermischen und mit Paprikapulver bestäuben.

7 In einer Tasse das Tomatenmark mit etwas Wasser anrühren und zugeben.

8 Sämtliche Zutaten mit Wasser bedecken und bei schwacher Hitze 20 bis 30 Minuten kochen lassen, dabei gelegentlich – vorsichtig, damit die Tofuwürfel ganz bleiben – umrühren.

9 Arrowroot oder Reismehl mit etwas kaltem Wasser glatt rühren und unter ständigem Rühren der Suppe beimengen; das Ganze erneut aufkochen lassen.

10 Mit Tamari und Essig abschmecken.

Gemüsebrühe mit Tofubällchen: Nicht nur durch die Shiitakepilze erhält sie einen Hauch Exotik.

Gemüsebrühe mit Tofubällchen

Zutaten für 4 Personen

10 g Shiitakepilze, getrocknet • 2 Schalotten • 1 Bund Koriander • 1/2 Bund Petersilie • 150 g Champignons • 150 g Tofu 2 EL Semmelbrösel • Salz, Pfeffer • 1 l Gemüsebrühe

1 Shiitake in warmem Wasser 30 Minuten einweichen. Abtropfen lassen, die Stiele entfernen und die Kappen vierteln.

2 Schalotten schälen und mit dem Koriander, der Petersilie und den Champignons grob zerhacken.

3 Den Tofu pürieren und mit Zwiebeln, Pilzen und Kräutern vermengen.

4 Mit Semmelbröseln zu einer formbaren Masse vermengen und mit Salz und Pfeffer abschmecken.

5 Mit nassen Händen kleine Kugeln aus der Masse formen. Gemüsebrühe zum Kochen bringen, die Klößchen hineingeben und 5 bis 8 Minuten ziehen lassen. Heiß servieren.

In größeren Supermärkten oder bei gut sortierten Gemüsehändlern bekommt man Shiitakepilze immer öfter auch frisch zu kaufen.

Joghurtsuppe

Zutaten für 6 Personen

75 g Weizenkörner, gekeimt • 1/2 l Wasser • 1 TL Gemüsebrühe • 1 Bund Frühlingszwiebeln • 500 g Joghurt (3,5 Prozent Fett) • 1 EL Mehl • 1 Bund Dill • Salz, weißer Pfeffer

Joghurt enthält auch Vitamin K, das für die Blutgerinnung, für die Knochenbildung und für die Zähne sehr wichtig ist.

1 Die Weizenkörner mit 1/2 Liter Wasser und der Gemüsebrühe kurz aufkochen lassen. Topf von der Kochstelle nehmen und ausquellen lassen.

2 Inzwischen Frühlingszwiebeln putzen, waschen und mit allen saftigen grünen Blättern fein zerkleinern.

3 Joghurt und Mehl in einem Topf mischen, nach und nach das restliche Wasser unterrühren und bei mittlerer Hitze unter ständigem Rühren vorsichtig zum Kochen bringen. Die Frühlingszwiebeln und den gegarten Weizen samt Flüssigkeit zugeben. Das Ganze erwärmen, aber nicht mehr kochen lassen.

4 Den Dill waschen, trockenschleudern, fein zerkleinern und in die Suppe rühren. Die Suppe mit Salz und Pfeffer abschmecken.

Variante Statt Weizenkörner gekeimten Hafer, Roggen oder Gerste verwenden.

Chinesische Suppe mit Pilzen

Zutaten für 4 Personen

10 kleine Shiitakepilze • 1 Möhre • 1 Stange Porree
1 l Wasser • 1 TL Gemüsebrühe • 1 EL Speisestärke
1 EL Wasser • 20 g Glasnudeln • Salz, Pfeffer • 1/4 TL Zucker
1 EL Sojasauce

1 Die Stiele von den Pilzen entfernen und ebenso wie die Möhre und den Porree in feine Streifen schneiden.
2 Wasser mit Gemüsebrühe zum Kochen bringen. Pilze und Gemüsestreifen zugeben und 10 Minuten garen.
3 Die Speisestärke mit dem kalten Wasser glatt rühren, zufügen und kurz aufkochen.
4 Glasnudeln mit heißem Wasser übergießen, kurz ziehen lassen, abgießen. Mit einer Küchenschere zerschneiden. Glasnudeln in die Suppe geben und kurz erhitzen.
5 Die Suppe mit Salz, Pfeffer, Zucker und Sojasauce abschmecken.

Kokoscremesuppe

Zutaten für 4 Personen
200 g Kokosflocken • 1 l Wasser • 1 kleine Möhre • 1 Frühlingszwiebel • 2 TL Gemüsebrühe, gekörnt • 1/2 Bund Koriander (ersatzweise Petersilie oder Minze) • 2 EL Avocadoöl

1 Kokosflocken mit dem kochenden Wasser überbrühen und 10 Minuten quellen lassen.
2 In der Zwischenzeit die Möhre putzen und grob raspeln, die Frühlingszwiebel klein schneiden.
3 Kokosflocken mit dem Einweichwasser zum Kochen bringen und mit einem Mixstab pürieren.
4 Möhrenraspel, Frühlingszwiebel und die gekörnte Gemüsebrühe zufügen und das Ganze 2 Minuten kochen lassen.
5 Währenddessen den Koriander waschen, trockentupfen und die Blätter fein schneiden.
6 Die fertig gegarte Suppe mit dem Avocadoöl verrühren.
7 Den gehackten Koriander darüber streuen.

Die Kokosnuss ist einer der wenigen vegetarischen Selenlieferanten. In 100 Gramm Fruchtfleisch befinden sich 810 Mikrogramm Selen. Das ist etwa der Tagesbedarf des ansonsten schwer zu deckenden Zellschutzspurenelements.

Grießnockerlsuppe

Zutaten für 4 Personen

20 g Pflanzenmargarine • 50 g Räuchertofu • 1 l Gemüsebrühe • 3 gehäufte EL Hefeflocken • 1 TL Meersalz 1/2 TL Muskatpulver • Vollweizengrieß • Schnittlauch

In 50 Gramm Tofu sind 5,5 Gramm Eiweiß, 1 Gramm Kohenhydrate, nur 2,5 Gramm Fett und überhaupt kein Cholesterin zu finden.

1 Pflanzenmargarine schaumig rühren, den Tofu mit einer Gabel zerdrücken oder pürieren und der Margarine untermischen.

2 1/8 Liter der Gemüsebrühe in eine Tasse abfüllen, den Rest zum Kochen bringen.

3 Im Wechsel Hefeflocken und einige Löffel kalte Gemüsebrühe unter ständigem Rühren unter die Margarine-Tofu-Masse ziehen.

4 Mit Salz und Muskat würzen, und dann so viel Grieß zugeben, dass eine gut formbare Masse entsteht. Restliche Brühe zum Kochen bringen.

5 Von der Masse nun mit einem Löffel kleine Klößchen abstechen, in der Hand zu einer Kugel formen und in die kochende Suppe geben. Dabei den Löffel immer wieder in der Gemüsesuppe anfeuchten.

6 Die Hitze reduzieren und die Klößchen 10 Minuten in der Brühe ziehen lassen. Nicht mehr kochen! Mit gehacktem Schnittlauch bestreuen und servieren.

Thymiansuppe

Zutaten für 4 Personen

1 Bund Zitronenthymian • 3/4 l Wasser • 4 große Scheiben Brot • 1 EL Olivenöl • 200 g Crème fraîche • 60 g Emmentaler Käse • Salz, Pfeffer

1 Die Thymianblättchen abzupfen und mit dem Wasser in einem Topf zum Kochen bringen. Den Topf vom Herd nehmen.
2 Inzwischen die Brotscheiben in einer Pfanne im heißen Öl rösten.
3 Crème fraîche gut mit dem geriebenen Käse mischen und nach und nach zur Suppe geben. Mit etwas Salz und Pfeffer würzen.
4 Die gerösteten Brotscheiben in große Suppentassen legen. Die heiße Thymiansuppe darüber gießen und sofort heiß servieren.

Variante Statt Zitronenthymian kann auch normaler Thymian verwendet werden.
Hinweis Thymian eignet sich nicht nur zum Würzen, sondern ist auch ein hervorragendes Hustenmittel.

Radieschensuppe

Zutaten für 4 Personen
1 Bund Radieschen • 1/3 Kartoffeln • 20 g Butter
750 ml Gemüsebrühe • 2 EL Crème fraîche • Salz, weißer Pfeffer • 2 EL Kerbelblättchen, gehackt

1 Radieschen und -blätter waschen, die Radieschen wie in der Randspalte beschrieben vorbereiten. Kartoffeln schälen und würfeln.
2 Kartoffeln in Butter anbraten. Mit Brühe auffüllen, die Radieschenblätter und »-blüten« zufügen und bei kleiner Hitze garen.
3 Suppe mit Crème fraîche verrühren, mit Salz und Pfeffer würzen und noch einmal erhitzen.
4 In Suppentassen verteilen, mit gehackten Kerbelblättchen bestreuen und sofort servieren.

Radieschen optisch aufwerten: Die Radieschen einige Male kreuzweise einschneiden oder mit einem Radieschenverzierer einkerben, damit »Blüten« entstehen.

Saucen und Dressings

Sauce ist nicht immer gleich Sauce. Ob sie Salsa, Sugo, Ragu, Dip oder einfach Salatsauce heißt, spielt keine Rolle. Wichtig ist, dass sie mit dem Gericht harmoniert, zu dem sie serviert wird. So vielfältig wie die Zubereitungsarten sind auch die Zutaten. Dabei gibt es nur einen Grundsatz zu beachten: Kräuter und Gemüse sollten möglichst frisch sein. Fügen Sie noch einen Esslöffel Sojalezithin bei, können Sie noch einmal mehr Ihrer Gesundheit nutzen.

Konzentrierter Wohlgeschmack

In der vegetarischen Küche ist das Thema »Saucen« lange vernachlässigt worden. Die »trockenen« Zeiten sind vorbei, und es wird nach Herzenslust kreiert. Zu den Klassikern haben sich eine Fülle von exotischen Ideen gesellt: Reis, Nudeln und Kartoffeln, köstliche Aufläufe, Gratins und Gemüsegerichte finden ihre Krönung auch heute noch in der fein abgestimmten Sauce. Dabei sind die Klassiker wie Sauce hollandaise oder »Bratensauce« auch für Veganer in der Zubereitung heute kein Problem mehr. Wer auf Instantprodukte – und damit auf tierische Zusätze – verzichten möchte, findet auf den folgenden Seiten eine Vielzahl von Anregungen. Die Auswahl ist auf Basisrezepte beschränkt – allerdings mit vielen Variationen, die zum Weiterentwickeln anregen sollen. Lassen Sie Ihrer Phantasie freien Lauf: Alle Rezepte lassen sich mit Gewürzen und frischen Kräutern variieren und verfeinern. Viele Saucen lassen sich darüber hinaus auch hervorragend kalt als Dip servieren.

Die Zubereitung von guten Saucen ist schon in der herkömmlichen Küche eine Kunst, obwohl sie dort ein Beiprodukt des Fleischgarens sind. Noch viel mehr Geschick erfordern Saucen in der vegetarischen Küche, bei der sie nicht als »Nebenprodukte« anfallen.

Helle Grundsauce

Zutaten für 4 Personen

3 EL Butter • 3 EL Mehl • 1/2 l Gemüsebrühe • weißer Pfeffer
1 EL Sojalezithin • 2 EL Sahne (nach Bedarf)

1 Butter zerlassen, das Mehl darin hellgelb anschwitzen.

2 Mit kalter Gemüsebrühe löschen, unter ständigem Rühren aufkochen lassen, die restliche Gemüsebrühe nach und nach zufügen.

3 Mit Pfeffer abschmecken und noch einmal kurz aufkochen lassen.

4 Sojalezithin und Sahne nach Bedarf zufügen, sorgfältig verrühren, jedoch nicht mehr kochen lassen.

Neben der gesunden Ernährung sollte man auch auf die Präsentation achten – denn das Auge isst mit.

Variante Sahne-Kräuter-Sauce: 1 Bund gemischte, fein gehackte Gartenkräuter und jeweils 2 Esslöffel Sahne und Crème fraîche zufügen. Nicht mehr kochen lassen!

Variante Dillsauce: 1 Bund Dill fein gehackt zufügen. Nicht mehr kochen lassen!

Variante Kapernsauce: 2 Esslöffel Kapern kurz mitaufkochen, 1 Esslöffel saure Sahne zufügen. Nicht mehr kochen lassen!

Variante Zitronensauce: 1 unbehandelte Zitrone dünn abschälen und mit etwas Wasser kurz aufkochen. Den Saft auspressen. Die Grundsauce wie beschrieben zubereiten und am Schluss Zitronensaft und -wasser zufügen. Danach nicht mehr kochen lassen!

Variante Senfsauce: 1 Esslöffel Senf und 1 Esslöffel Estragonessig mit der fertigen Sauce verrühren.

Variante Meerrettichsauce: 1 Esslöffel geriebenen Meerrettich und 1 Esslöffel Zitronensaft mit der fertigen Sauce vermischen.

Sauce hollandaise vegan

Zutaten für 4 Personen

3 EL Öl • 5 EL Mehl • 1/2 l Soja- oder Reismilch • 2 TL Gemüsebrühe, gekörnt • 2 Messerspitzen Muskatpulver • 2 Messerspitzen weißer Pfeffer • 2 EL Sojatrockenmilch

1 Öl erhitzen, Mehl darin hellgelb anschwitzen.

2 Den Topf vom Herd nehmen, mit dem Schneebesen etwas Sojamilch hineinrühren.

3 Die Mehlschwitze aufkochen lassen und unter Rühren die restliche Milch zugießen.

4 Die gekörnte Gemüsebrühe, Muskat und Pfeffer beimengen und nochmals aufkochen lassen.

5 Mit Sojatrockenmilch verfeinern und servieren.

Variante Für eine nicht vegane Sauce zum Schluss 1 Esslöffel Butter zufügen.

Hinweis Mit diesem Grundrezept haben Sie eine Sauce, die sich bestens zu gekochtem Gemüse, zu Kartoffeln und Getreidegerichten eignet.

Den guten Koch erkennt man an den Saucen. Die pikante Sauce, fein mit Gewürzen abgestimmt, ist immer noch eine große Herausforderung für jeden, der kocht.

Vanillesauce

Zutaten für 4 Personen

1/2 l Milch oder Sojamilch • 40 g brauner Zucker
1/2 TL Bourbonvanille • 2 EL Sojatrockenmilch

1 1/8 Liter Milch in eine Tasse geben.

2 Restliche Milch mit Zucker und Vanille zum Kochen bringen.

3 Sojatrockenmilch in der kalten Milch anrühren, zur kochenden Milch geben und kurz aufkochen.

Pilzsauce

Erbittert streiten Gourmets, ob man Pilze waschen sollte. Sie sollten die Champignons in jedem Fall so kurz wie möglich unter Wasser halten.

Zutaten für 4 Personen

100 g Champignons • 100 g Austernpilze • 1/2 TL Kümmel, zerstoßen • 2 EL Butter oder Margarine • Salz, frisch gemahlener schwarzer Pfeffer • 6 EL Mehl • 3/4 l Gemüsebrühe 1 EL Zitronensaft • 1 EL Petersilie, gehackt • 2 EL Crème fraîche

1 Champignons und Austernpilze säubern, klein schneiden und mit dem Kümmel in etwas Butter oder Margarine anbraten, salzen und pfeffern.

2 Mehl darüber streuen, verrühren und mit Gemüsebrühe löschen, aufkochen lassen, dabei stets rühren.

3 Zitronensaft zugeben und mit Petersilie und Crème fraîche verfeinern.

Braune Sauce

Zutaten für 4 Personen

1 EL Kräuterolivenöl • 2 EL Butter • 3 EL Mehl 1/2 l Gemüsebrühe • 1/4 TL Zuckercouleur • schwarzer Pfeffer • 2 TL Sojasauce • Lezithin nach Geschmack

1 Öl erhitzen, darin die Butter zerlassen und das Mehl hellgelb anschwitzen.

2 Mit etwas kalter Gemüsebrühe löschen, unter ständigem Rühren aufkochen lassen, die restliche Gemüsebrühe und Zuckercouleur zufügen, sorgfältig verrühren.

3 Pfeffer, Sojasauce und Lezithin zufügen und servieren.

Variante Zusätzlich 2 Esslöffel Sahne oder Crème fraîche am Schluss einfügen.

Bratensauce

Zutaten für 4 Personen

2 EL Butter • 4 Wacholderbeeren • 2 EL Mehl • 1/2 l Wasser 1 Messerspitze Zuckercouleur • 1/4 TL Salz • 1/4 TL Knoblauchpulver • 1 Messerspitze Peffer • 1 Messerspitze Muskat 1/2 TL Vitam-R • 1 EL Räucheröl

1 Butter erhitzen, die Wacholderbeeren zerdrücken. 1 Minute in der Butter braten, herausnehmen, das Mehl einstreuen und mit 1/8 Liter Wasser löschen.

2 Unter ständigem Rühren aufkochen lassen und nach und nach das restliche Wasser zugießen.

3 Zuckercouleur, Salz, Knoblauchpulver, Pfeffer und Muskat zugeben und gut verrühren.

4 Zum Schluss Vitam-R und Räucheröl zufügen, nicht mehr kochen lassen.

Tipp Mit dieser Bratensauce ergänzt, wird sogar ein Resteessen zum Genuss.

Pesto

Zutaten für 4–6 Personen

2 Knoblauchzehen • 6 EL frisches Basilikum • 50 g Parmesan • 4 EL gehackte Petersilie • 50 g Pinienkerne oder Cashewnüsse • 1/8 l Olivenöl • frisch gemahlener schwarzer Pfeffer

1 Die Knoblauchzehen zerdrücken, das Basilikum fein hacken und den Parmesan reiben.

2 Alle Zutaten zusammen im Mixer oder in der Küchenmaschine pürieren. Kalt servieren.

Wer den Knoblauchgeruch etwas abmildern möchte, der sollte viel Petersilie essen.

Paprikasauce

Zutaten für 4 Personen
4 rote Paprikaschoten • 4 Knoblauchzehen • 1/2 l Gemüsebrühe • Salz, frisch gemahlener schwarzer Pfeffer

Der Körper baut bei der Verdauung von Paprika mehr Kohlenhydrate ab, als er durch die Paprikaschoten zugeführt bekommt. Ein ideales Diätgemüse!

1 Die Paprikaschoten waschen, abtrocknen und im Backofen bei 220 °C (Gas Stufe 4 bis 5) braten, bis die Haut Blasen wirft.
2 Etwas abkühlen lassen, entkernen und die Schale abziehen. Mit dem Knoblauch pürieren.
3 Die Gemüsebrühe in einen Topf gießen, mit Salz und frisch gemahlenem Pfeffer nach Geschmack würzen und das Paprikapüree zufügen.
4 Die Sauce nochmals leicht erhitzen, ohne sie kochen zu lassen.

Variante Paprika-Tomaten-Sauce Zur Hälfte Paprikaschoten und gehäutete Tomaten verwenden.

Knoblauchsauce

Zutaten für 4 Personen
3 Knoblauchzehen • 2 EL Öl • 1/2 l Wasser • etwas weißer Pfeffer • 1/2 TL Gemüsebrühe, gekörnt • 1 1/2 Messlöffel Biobin • 3 EL Tamari • 1 EL Öl

1 Knoblauch abziehen, die Zehen in Scheibchen schneiden und in einer Pfanne mit 1 Esslöffel Öl hellgelb anbraten.
2 Mit dem Wasser ablöschen, Pfeffer, gekörnte Gemüsebrühe und Biobin unter Rühren zugeben und das Ganze kurz aufkochen lassen.
3 Knoblauchsauce mit Tamari und dem restlichen Öl abschmecken.

Saucenvielfalt vegetarisch: In der fleischlosen Küche muss man nicht auf pikante Saucen verzichten.

Erdnusssauce pikant

Zutaten für 8 Personen

2 EL Erdnussöl • 4 EL Mehl • 1/2 l Sojamilch
1 TL Gemüsebrühe, gekörnt • 1 Messerspitze Cayennepfeffer
3 EL Erdnussbutter • 1 EL Sojatrockenmilch

1 Aus Erdnussöl, Mehl und Sojamilch eine Mehlschwitze herstellen, die restliche Milch unter ständigem Rühren zugeben und aufkochen lassen.

2 Die Sauce mit der gekörnten Gemüsebrühe und mit dem Cayennepfeffer würzen.

3 Erdnussbutter und Sojatrockenmilch zugeben und verquirlen. Nicht mehr aufkochen. Diese gehaltvolle Sauce ist ein geschmackvoller Proteinlieferant. Sie eignet sich hervorragend als Begleitung von indonesischen und Getreidegerichten.

Noch einen Tick orientalischer wird die Erdnusssauce, wenn Sie etwas Kokosmilch oder Kokosflocken zugeben.

Süßsaure Sauce

Zutaten für 10 Personen

*1 kleine reife Tomate • 1 kleine Zwiebel • 1 TL Öl • 40 g Palmzucker • 60 ml Kokosnussessig • 130 ml Wasser
90 ml Ananassaft (Dose) • 1 EL Maisstärke • 1 mittelgroße rote Paprikaschote • 200 g Ananasstücke (Dose)
Salz, schwarzer Pfeffer*

Eine andere Geschmacksvariante erhalten Sie durch Zugabe von 1 Schuss süßen Sherry und Curry.

1 Die Tomate waschen und würfeln, Zwiebel abziehen und hacken. Das Öl in einer Pfanne erhitzen, Tomate und Zwiebel darin anbraten. Den Palmzucker zugeben und unter Rühren bei mittlerer Hitze heiß werden lassen, bis er schmilzt und leicht bräunt.

2 Topf von der Kochstelle nehmen und den Essig zur Zuckermischung geben, aber nicht umrühren. Topf wieder auf die Kochstelle setzen, die Sauce einmal aufkochen. Wasser und 2/3 des Ananassaftes unterrühren, erneut aufkochen.

3 Sauce durch ein Sieb in einen Topf geben, dabei das Gemüse ausdrücken.

4 Die Maisstärke mit dem restlichen Ananassaft glatt rühren, unter die Sauce mischen und die Sauce aufkochen.

5 Paprikaschote putzen, waschen und in feine Würfel schneiden. Mit den Ananasstücken in die Sauce mischen, zum Schluss mit Salz und Pfeffer abschmecken.

Scharfe Tomatenpaste

Zutaten für 10 Personen

3 Tomaten • 1 Zwiebel • 3 Zitronenblätter • 10 rote Chilischoten • 2 Knoblauchzehen • 3 EL Öl • 2 TL Zucker • Salz

1 Die Tomaten überbrühen und abziehen, Stielansätze und Kerne entfernen. Die Zwiebel abziehen. Beide Zutaten fein zerkleinern. Die Zitronenblätter in feine Streifen schneiden.
2 Die Chilischoten halbieren, von den Kernen und eventuell auch von den Scheidewänden befreien und grob zerkleinern. Mit den abgezogenen Knoblauchzehen in den Mörser geben und zu einer Paste zerreiben.
3 Die Paste in heißem Öl unter Rühren etwa 10 Minuten braten, bis sie dickflüssig wird. Tomaten, Zwiebel, Zitronenblätter, Zucker und Salz zugeben und bei mittlerer Hitze in etwa 15 Minuten dick einkochen.
4 Sauce in Gläser abfüllen, luftdicht verschließen und an einem kühlen Ort aufbewahren.

Meerrettichsauce

Zutaten für 4 Personen
1–2 EL Öl • 3 EL Reismehl • 1/2 l Wasser • 1 TL Gemüsebrühe, gekörnt • weißer Pfeffer • Muskatpulver • 2 EL Sojatrockenmilch • 2 EL Zitronensaft • 3 TL Meerrettich, gerieben

1 Öl erhitzen, Reismehl einrühren und unter ständigem Rühren mit 1/8 Liter Wasser ablöschen.
2 Das restliche Wasser unter ständigem Rühren nach und nach dazugeben und aufkochen lassen.
3 Die Sauce mit der gekörnten Gemüsebrühe, weißem Pfeffer und Muskat würzen.
4 Das Sojatrockenmilch mit dem Zitronensaft glatt rühren und zusammen mit dem geriebenen Meerrettich der Sauce untermengen. Die Meerrettichsauce danach nicht mehr kochen lassen!

Sojatrockenmilch ist gerade in der Vegankost unentbehrlich; es leistet jedoch auch bei anderen Ernährungsformen dem Körper gute Dienste.

Hauptgerichte – Hauptsache gesund

Fleisch ist ein Stück Lebenskraft – dieses Argument ist nicht besonders stichhaltig, denn ohne Zweifel sind gerade jene Tiere, die jahrhundertelang wegen ihrer überragenden Kraft und Ausdauer von Menschen eingesetzt wurden, Pflanzenfresser. Vielen Menschen ist auch angesichts der wenig artgerechten Massentierhaltung und immer neuer Horrormeldungen über Rinderseuche und Schweinepest schlichtweg der Appetit vergangen. Eine Ernährungsumstellung stellen sich die meisten aber sehr schwierig und eintönig vor. Eines der Standardargumente ist die Eiweißversorgung.

Sich gesund zu ernähren, heißt nicht, auf alles verzichten zu müssen. Ein Nussbraten oder eine Pizza mit verschiedenen Gemüsesorten sind Köstlichkeiten für sich.

Deftiges – auch ohne Fleisch

Zwar ist es richtig, dass Fleisch hochwertiges Eiweiß enthält. Aber daneben enthält es auch ziemlich viel Cholesterin und Fett. Außerdem zeigen neue Erkenntnisse, dass die Angst vor Eiweißmangel ziemlich unbegründet ist. Forschungsergebnisse weisen nach, dass zwischen dem Verzehr konzentrierter Eiweißnahrung und Herzerkrankungen, Bluthochdruck, Krebs, Arthritis, Gicht und einer Reihe anderer Erkrankungen ein Zusammenhang besteht. Und mit einer ausgewogenen Kombination von Getreide und Gemüse lassen sich hohe biologische Wertigkeiten auch ohne Fleisch erreichen. Wer nun eine karge, eintönige Haferschleimküche fürchtet, wird erstaunt sein, was die internationale vegetarische Küche zu bieten hat.

Gemüsestreuselkuchen

Zutaten für 4 Personen

1 kg Gemüse wie Möhren, weiße Kohlrüben, Steckrüben, Zwiebeln, Sellerie • 100 g Butter oder ungehärtete Pflanzenmargarine • Salz, frisch gemahlener schwarzer Pfeffer 75 g Haferflocken • 75 g Haselnüsse, fein gemahlen 75 g Haselnüsse, gehackt oder geraspelt • 1 kleine Zwiebel 1 Knoblauchzehe • 1/2 TL getrockneter Thymian oder getrocknete gemischte Kräuter

Natürlich ist ein Gemüsestreuselkuchen auch eine attraktive Köstlichkeit auf einem kalten Buffet, da er sowohl warm wie auch kalt gegessen werden kann.

1 Das Gemüse schälen und würfeln, in einen Topf geben und mit Wasser bedecken, 15 bis 20 Minuten bei schwacher bis mittlerer Hitze weich kochen. Das Gemüse abgießen und das Kochwasser aufbewahren.

2 Etwa 1/3 der Gemüsemischung mit 25 Gramm Butter und einer ausreichenden Menge des Kochwassers im Mixer oder in der Küchenmaschine pürieren.

3 Das Püree zum restlichen Gemüse hinzufügen. Nach Geschmack mit Salz und Pfeffer würzen. Die Mischung in eine flache, feuerfeste Form geben.

4 Den Backofen auf 180 °C (Gas Stufe 2 bis 3) vorheizen.

5 Zur Herstellung des Streuselbelags die Haferflocken mit Nüssen und geriebener Zwiebel, zerdrücktem Knoblauch, Kräutern sowie Salz und Pfeffer in eine Schüssel geben. Die restliche Butter hinzufügen und alle Zutaten mit einer Gabel vermischen, bis der Belag groben Streuseln ähnelt.

6 Die Masse gleichmäßig auf der Gemüsemischung verteilen. 30 bis 40 Minuten im Ofen backen, bis der Belag knusprig und leicht gebräunt ist. Kurz abkühlen lassen und lauwarm servieren.

Schneller pikanter Nussbraten

Zutaten für 4 Personen

2 große Zwiebeln • 50 g Butter oder ungehärtete Pflanzenmargarine • 1 TL getrockneter Thymian • 1 EL Vollweizenmehl • 100 g Cashewnüsse, ziemlich fein gemahlen 100 g Haselnüsse, ziemlich fein gemahlen • 100 g Vollweizen-Semmelbrösel • 1 EL Zitronensaft • Salz, frisch gemahlener schwarzer Pfeffer • Semmelbrösel zum Panieren • 8 EL Öl

1 Den Backofen auf 200 °C (Gas Stufe 3 bis 4) vorheizen.

2 Zwiebeln abziehen und fein hacken. Die Butter in einem großen Topf zerlassen und die Zwiebeln darin bei mittlerer Hitze etwa 10 Minuten weich dünsten.

3 Den Thymian und das Mehl hinzufügen; 1 bis 2 Minuten rühren, dann gut 1/8 Liter Wasser dazugießen und die Mischung unter ständigem Rühren eindicken lassen.

4 Von der Kochstelle nehmen, gemahlene Cashew- und Haselnüsse, Vollweizen-Semmelbrösel, Zitronensaft sowie Salz und Pfeffer nach Geschmack hinzufügen; alles gut vermischen. Die Masse zu einem länglichen Laib formen und in Semmelbröseln wenden.

5 Das Öl in einem kleinen Bräter erhitzen, bis es raucht. Dann den Nussbraten in den Bräter legen, glatt streichen und mit gefetteter Alufolie abdecken.

6 35 bis 40 Minuten im Ofen backen. 15 Minuten vor Ende der Backzeit die Folie entfernen, damit die Oberseite bräunen kann.

7 Aus dem Bräter nehmen. Sofort servieren und in Scheiben schneiden oder abkühlen lassen, falls man den Braten kalt reichen will.

Reichen Sie zum Nussbraten einen würzigen Joghurtdip und einen Rohkostsalat aus geraspelten Möhren und Blattspinat.

Nussbällchen in Tomatensauce

Eine italienische Tomatensauce ist schnell selbst hergestellt. Zutaten: Tomaten aus der Dose, Knoblauch, Zwiebeln und Kräuter nach Geschmack, Salz und Pfeffer Zubereitung: Fein gehackte Zwiebeln und Knoblauch andünsten, restliche Zutaten zugeben und etwas einkochen lassen. Ein wenig Tomatenmark sorgt für kräftigeren Geschmack, etwas Sahne macht die Sauce milder.

Zutaten für 4 Personen

1 Zwiebel • 1 EL Öl • 100 g Nüsse (wie Mandeln oder geröstete Haselnüsse), fein gemahlen • 50 g frische Vollweizen-Brotkrumen • 50 g Cheddar, fein gerieben
2 TL Tomatenmark • 1/2 TL getrockneter Thymian
Salz, frisch gemahlener schwarzer Pfeffer • 1 Portion italienische Tomatensauce aus dem Glas • Butter zum Einfetten
Zum Garnieren: Thymianzweige

1 Den Backofen auf 180 °C (Gas Stufe 2 bis 3) vorheizen.
2 Zwiebel hacken und 10 Minuten im Öl weich dünsten, dann von der Kochstelle nehmen und die restlichen Zutaten, außer der Tomatensauce, unterrühren.
3 Die Nussmasse mit den Händen zu 8 Bällchen formen und diese in eine eingefettete flache, feuerfeste Form setzen.
4 Die Tomatensauce darüber gießen und 25 bis 30 Minuten im Ofen überbacken. Mit Thymian garnieren und heiß servieren.

Chili con Carne Vegetariana

Zutaten für 4 Personen

1 Zwiebel • 1 rote Paprikaschote • 1 Knoblauchzehe • 1 EL Olivenöl • 1 Dose Tomaten (etwa 400 g) • 100 g grüne Linsen
250 g getrocknete rote Kidneybohnen, eingeweicht und gekocht, oder 2 Dosen rote Kidneybohnen (je etwa 425 g)
1 TL mildes Paprikapulver • 1/2–1 TL Chilipulver
Salz, frisch gemahlener schwarzer Pfeffer • Zucker
Zum Garnieren: Korianderzweige

1 Zwiebel, Paprika und Knoblauchzehe klein schneiden.
2 Öl in einem großen Topf erhitzen, Zwiebel und Paprika 10 Minuten dünsten, dann Knoblauch und Tomaten zugeben.
3 Linsen in viel Wasser 40 bis 45 Minuten leicht kochen, bis sie weich sind. Kidneybohnen zugeben.
4 Kidneybohnen und Linsen abtropfen lassen (die Flüssigkeit als Vorrat aufbewahren) und mit Paprika- und Chilipulver zu der Tomatenmischung geben.
5 Etwa 15 Minuten kochen lassen, dann mit Salz, Pfeffer und Zucker würzen, mit Koriander garnieren und servieren.

Die Abtropfflüssigkeit von Hülsenfrüchten enthält viele Biostoffe und sollte deshalb mit- oder weiterverwendet werden.

Tofu nach Kasseler Art mit Sauerkraut

Zutaten für 4 Personen
1 Zwiebel • 2 EL Öl • 1 kg Sauerkraut • 1 Lorbeerblatt
5 Wacholderbeeren • 1/2 TL Kümmel • 500 g Räuchertofu
Räuchersalz, Pfeffer • 1 Kartoffel

1 Zwiebel fein hacken.
2 1 Esslöffel Öl in einem Topf erhitzen und die Zwiebel darin anbraten.
3 Sauerkraut mit dem Lorbeer, den Wacholderbeeren und dem Kümmel zugeben und 15 Minuten bei mittlerer Hitze kochen lassen.
4 Den Tofu in 1 Zentimeter dicke Scheiben schneiden und mit Räuchersalz und Pfeffer würzen.
5 Restliches Öl in eine Pfanne geben und den Tofu auf beiden Seiten anbraten.
6 Kartoffel schälen, fein reiben, in das Sauerkraut rühren und kurz aufkochen lassen.
7 Die Tofustücke auf das fertige Kraut legen.

Frischer Tofu kann im Kühlschrank einige Tage aufbewahrt werden, wenn er in kaltes Wasser eingelegt ist. Dabei sollte das Wasser jedoch täglich gewechselt werden.

Linsen-Kartoffel-Pastete

Zutaten für 4 Personen

250 g grüne oder braune Linsen • 750 g Kartoffeln
50 g Butter oder ungehärtete Pflanzenmargarine
2 große Zwiebeln • 1 Knoblauchzehe • 1 TL getrocknete gemischte Kräuter • 1 Dose Tomaten (etwa 400 g)
2 EL Sojasauce • 2–3 EL gehackte Petersilie • Salz, frisch gemahlener schwarzer Pfeffer

Die Kartoffel enthält im Wesentlichen Kalium und Vitamin C. Bereits 200 Gramm liefern uns den Tagesbedarf dieser Biostoffe.

1 Linsen in einen Topf geben, mit Wasser bedecken und etwa 45 Minuten kochen, bis sie weich sind. Abtropfen lassen.

2 Kartoffeln kochen und zerdrücken.

3 Den Backofen auf 200 °C (Gas Stufe 3 bis 4) vorheizen. Mit der Hälfte der Butter eine flache, feuerfeste Form einfetten.

4 Die Zwiebeln in Scheiben schneiden und mit der restlichen Butter in einem Topf weich dünsten.

5 Zerdrückten Knoblauch, gemischte Kräuter, gehackte Tomaten, Sojasauce, Linsen, Petersilie sowie Salz und Pfeffer zugeben.

6 Die Mischung in die Form füllen. Die Kartoffeln gleichmäßig über die Mischung verteilen und mit ein wenig Butter betupfen.

7 Die Pastete 45 Minuten im Ofen überbacken, bis die Kartoffeln eine goldbraune Färbung angenommen haben.

Kartoffelgulasch

Zutaten für 4 Personen

2 mittelgroße Zwiebeln • 1 TL Kümmel • 3 EL Öl • 8 große Kartoffeln • 2 TL Paprikapulver • 1/2 l Gemüsebrühe

1 Die Zwiebeln abziehen, klein schneiden und mit dem Kümmel in Öl anbraten.
2 Die Kartoffeln schälen, klein würfeln und kurz mitbraten.
3 Mit dem Paprikapulver bestäuben, gut verrühren und mit der Brühe ablöschen.
4 Noch ungefähr 20 Minuten bei niedriger Hitze dünsten.

Lauchpizza

Zutaten für 4 Personen
500 g Weizen, fein gemahlen • 1 Päckchen Trockenhefe
ca. 350 ml lauwarmes Wasser • 1 EL Olivenöl • 2 TL Salz
Belag: 200 g Zwiebeln • 800 g Lauch • 200 g Räuchertofu
Salz, Pfeffer • Muskat • Oregano • 4 EL Olivenöl

1 Das Weizenmehl mit der Trockenhefe gründlich vermischen.
2 Wasser, Olivenöl und Salz zufügen und zu einem Teig verkneten.
3 Den Teig zu einer Kugel formen, diese mit Mehl bestäuben und in eine angewärmte, bemehlte Schüssel geben.
4 Die Schüssel zudecken und den Teig ca. 20 Minuten an einem warmen Ort gehen lassen.
5 Den Teig auf einem gefetteten Blech ausrollen und weitere 15 Minuten gehen lassen.
6 In der Zwischenzeit Zwiebeln und Lauch in Ringe, den Tofu in Streifen schneiden und auf dem Hefeteig verteilen.
7 Die Pizza gleichmäßig mit Salz, Pfeffer, Muskat und Oregano würzen und mit Olivenöl beträufeln.
8 Die Pizza im vorgeheizten Backofen bei 180 °C ungefähr 20 Minuten backen. In rechteckige Stücke schneiden und sofort servieren.

Pikanter und schmackhafter, aber auch deutlich schärfer wird die Pizza, wenn Sie den Lauch teilweise durch Frühlingszwiebeln ersetzen.

Artischockenkasserolle

Zutaten für 4 Personen

4 große Artischocken • 1 l Wasser • 2 EL Olivenöl
12 kleine, neue Kartoffeln • 4 junge Möhren
1 Tasse Zuckererbsen • 2 Tomaten • Salz, Pfeffer
2 EL Apfelsaft • 2 EL gehackte Petersilie

Der Apfelsaft gibt der Kasserolle eine süße Würze und bringt noch zusätzlich Mineralstoffe.

1 Die Stiele der Artischocken entfernen, das Heu mit einem Löffel abschaben.
2 Das Wasser zum Kochen bringen und die Artischocken darin zwischen 30 und 40 Minuten weich kochen.
3 Die Artischockenblätter ablösen (anderweitig verwenden).
4 Eine ausreichend große, feuerfeste Form mit Öl ausstreichen und die Artischockenböden darin verteilen.
5 Kartoffeln abbürsten, halbieren und um die Artischocken verteilen.
6 Die Möhren säubern, in ca. 1 Zentimeter dicke, längliche Streifen schneiden und zusammen mit den Erbsen und den gewürfelten Tomaten in die Zwischenräume geben.
7 Den Gemüseauflauf mit Salz und Pfeffer würzen, den Apfelsaft darüber träufeln, zudecken und etwa 40 Minuten dünsten.
8 Mit Petersilie bestreut servieren.

Boston Baked Beans

Zutaten für 4 Personen

250 g kleine weiße Bohnen • 1 Zwiebel • 1 Möhre
1 grüne Paprika • 1 Stück Sellerie, ca. 50 g • 2 EL Olivenöl
1/2 TL Oregano • 1/2 TL Rosmarin • 1 Lorbeerblatt
2 kleine Dosen Tomaten • Salz, Pfeffer • 2 EL Traubensaft

Ein Eintopf für Gourmets: Die Artischockenkasserolle mit neuen Kartoffeln und jungen Möhren.

1 Bohnen waschen und über Nacht einweichen.
2 Am nächsten Tag die Bohnen im Einweichwasser fast gar kochen. Nicht salzen. Dann die Bohnen abtropfen lassen.
3 Für die Sauce Zwiebel, Möhre, Paprika und Sellerie säubern und klein schneiden.
4 Das Öl in einer Kasserolle erhitzen; zunächst die Zwiebeln darin goldgelb anbraten, dann das restliche Gemüse zugeben und die Kasserolle vom Herd nehmen.
5 Die Gewürze zusammen mit den Tomaten unterrühren, mit Salz und Pfeffer würzen.
6 Die Bohnen in eine Auflaufform geben und die noch ungekochte Gemüsesauce darüber verteilen.
7 Den Traubensaft über die Bohnen gießen, für 2 bis 3 Stunden im vorgeheizten Backofen bei 160°C backen lassen, so lange, bis die gesamte Flüssigkeit aufgesogen ist. Dabei in regelmäßigen Abständen umrühren.

Zu den Baked Beans schmecken frisches Weißbrot oder Röstkartoffeln besonders gut.

Borschtsch mit Buchweizenkascha

Zutaten für 4 Personen

3 kleine Rote Beten • 1/2 Sellerieknolle • 2 Kartoffeln
1 Lorbeerblatt • 1 1/2 l Gemüsebrühe • Salz, Pfeffer
1 kleiner Kopf Weißkohl • 2 Zwiebeln • 1 Knoblauchzehe
5 EL Pflanzenöl • 1/2 Tasse Mehl • 1 EL Tomatenmark
1 TL Paprika, edelsüß • 2 TL Tamari
Beilage: 1 EL Öl • 250 g Buchweizengrütze • Wasser
1 TL Salz

Borschtsch ist ein Eintopfklassiker aus Russland. Dort enthält er meist noch Rindfleisch, das für die Suppengrundlage mitgekocht wird.

1 Rote Beten, Sellerieknolle und Kartoffeln putzen, schälen und zusammen mit dem Lorbeerblatt in der Gemüsebrühe garen.

2 Das Gemüse herausnehmen, in Würfel schneiden, salzen und pfeffern und zur Seite stellen.

3 Den Weißkohl hobeln und ebenfalls knappe 10 Minuten in der Brühe garen.

4 Unterdessen die klein gewürfelten Zwiebeln und die Knoblauchzehe in einer Pfanne im Öl goldgelb anbraten.

5 Dann das Gemüse hinzugeben, mit Mehl bestäuben und mit einem Teil des Kochsuds übergießen. Das Tomatenmark einrühren.

6 Zu dem gegarten Weißkohl geben und durchziehen lassen.

7 Mit Paprika und Tamari abschmecken.

Beilage Buchweizenkascha

1 Öl in einer feuerfesten Form erhitzen und die Buchweizengrütze darin goldgelb anbraten.

2 Mit kochendem Wasser auffüllen, so dass die Grütze mit mehr als 3 Zentimeter Flüssigkeit bedeckt ist.

3 Grütze salzen und bei 190 °C ungefähr 50 Minuten im vorgeheizten Backofen garen.

Chili con Tofu

Zutaten für 4 Personen
250 g getrocknete Kidneybohnen • 1/2 l Wasser • 1/2 kleine Sellerieknolle • 2 große Kartoffeln • 1/2 rote Paprikaschote 1/2 grüne Paprikaschote • 1 rote Chillischote • 2 EL Olivenöl 1/2 TL Bohnenkraut • 1/2 TL Majoran • 1 TL Curry 1 TL Räuchersalz • 1/2 TL Knoblauchpulver • 1/2 l Tomaten, püriert • 300 g Räuchertofu

1 Die Kidneybohnen über Nacht einweichen; vor dem Kochen abseihen und mit klarem Wasser abspülen.
2 In einem großen Topf Wasser zum Kochen bringen, die Kidneybohnen hineingeben und 10 Minuten sprudelnd kochen lassen.
3 Dann die Hitze reduzieren und die Bohnen je nach Größe 1 bis 1 1/2 Stunden garen.
4 Unterdessen Sellerie, Kartoffeln, Paprika- und Chilischoten putzen und in kleine Würfel schneiden. Öl in einer Kasserolle oder großen Pfanne erhitzen und Bohnenkraut und Majoran darin kurz anrösten.
5 Dann gleich das klein geschnittene Gemüse zugeben und ebenfalls anbraten.
6 Das Gemisch mit Curry, Räuchersalz und Knoblauchpulver würzen und gut verrühren.
7 Mit den pürierten Tomaten ablöschen und noch weitere 10 Minuten bei niedriger Hitze kochen lassen.
8 Die Bohnen abseihen, untermengen und nochmals 10 Minuten bei niedriger Hitze kochen lassen.
9 Zum Schluss den Räuchertofu in mundgerechte Stücke schneiden, zugeben und kurz mitkochen. Mit frischem Baguette servieren.

Eine Möglichkeit, dem an sich geschmacksneutralen Tofu Geschmack zu geben, besteht im Räuchern.

Grundrezept Gluten

Zutaten für 4 Personen

1 kg Mehl Typ 405 • 1/2 l Wasser

Selbst hergestelltes Gluten oder das im Handel erhältliche Seitan kann zu Vegaschnitzeln, -braten, -rouladen, -gulasch, -fondue etc. verarbeitet werden.

1 Aus Mehl und Wasser mit einem Handrührgerät einen festen Teig kneten.
2 Daraus 3 gleich große Kugeln formen. 30 Minuten ruhen lassen.
3 Danach werden die Teigkugeln in kaltes Wasser gelegt und für 1/2 Stunde in den Kühlschrank gestellt.
4 Den Teig unter fließendem Wasser kräftig durchkneten, bis ein zäher, faseriger Rest, das Gluten, übrig bleibt.

Hinweis Eine besonders interessante Variation ergibt es, wenn das ungekochte Gluten in Öl mäßig angebraten, mit etwas Gemüsebrühe aufgegossen und zugedeckt fertig gegart wird.

Seitanschnitzel nature

Zutaten für 4 Personen

450 ml passierte Tomaten • 3 EL Tamari • 1 TL Zwiebelpulver 1/2 TL Muskatpulver • 1/2 TL weißer Pfeffer • Knoblauchpulver • etwas abgeriebene Zitronenschale oder 1 Tropfen Zitronenöl • 150 ml Wasser • Weizenglutenpulver (Reformhaus oder Vegi-Versand) • 1 1/2 l gewürzte Gemüsebrühe 1 Zwiebel • 1 Zweig Liebstöckel

1 Entweder das Gluten wie im Grundrezept selbst herstellen oder die Vegaschnitzel mit gekauftem Gluten pur zubereiten: Tomaten, Gewürze, die abgeriebene Zitronenschale oder das

Zitronenöl zusammen mit dem Wasser in einer Schüssel verrühren.
2 Das Glutenpulver zugeben und so rasch und gleichmäßig wie möglich mit den Händen zu einem Kloß verkneten.
3 Die Gemüsebrühe zum Kochen bringen, Zwiebel mit der Schale vierteln und mit dem Liebstöckel in die Brühe geben.
4 Den Seitankloß in Scheiben schneiden, diese in die Brühe geben und 20 Minuten bei geringer Hitze kochen lassen. Mit einer Schöpfkelle herausnehmen und zunächst in einem Sieb abtropfen lassen.
5 Noch warm jeweils 1 Schnitzel zwischen 2 Holzbrettchen legen und damit die restliche Flüssigkeit ausdrücken. Schnitzel in Öl ausbraten und zu Reis oder Kartoffeln servieren.
Tipp Eine Wakamealge zum Sud geben. Die Alge klein schneiden und als Beilage verwenden.

Wichtig ist, dass Sie das Wasser-Glutenpulver-Gemisch sofort verarbeiten, da es sehr schnell eine Verbindung eingeht – bereits nach wenigen Sekunden ist dieser Prozess abgeschlossen.

Marinierte Vegaschnitzel

Zutaten für 4 Personen
Vegaschnitzel natur (Rezept siehe oben) • Öl nach Bedarf • 2 EL Tamari • Knoblauchpulver nach Geschmack

1 Die Vegaschnitzel nach dem Grundrezept zubereiten. Noch heiß zwischen 2 hölzernen Frühstücksbrettchen auspressen und erkalten lassen.
2 Für die Marinade Öl und Tamari vermengen, nach Geschmack mit Knoblauchpulver würzen.
3 Die Vegaschnitzel in die Marinade legen und mit so viel Öl begießen, dass sie völlig bedeckt sind; dann mindestens 1 Tag in der Marinade ziehen lassen.

Kleinigkeiten für zwischendurch

Wer nur zu den drei Haupmahlzeiten etwas isst, liegt falsch. Anstelle der traditionellen drei Mahlzeiten empfehlen Ernährungswissenschaftler fünf bis sechs kleinere Mahlzeiten. Dabei ist es nicht ganz unwichtig, was man zwischendurch isst. Auf den folgenden Seiten finden Sie zahlreiche Anregungen. Viele Gerichte lassen sich vorbereiten und/oder mit ins Büro nehmen.

Schnelle Küche

Das Frühstück ist die wichtigste Mahlzeit, Sie sollten darauf nicht verzichten. Gerade wer früh das Haus verlässt und nur einen Happen zwischen Tür und Angel zu sich nimmt, bekommt meist zwischen zehn und zwölf Uhr wieder Hunger. Machen Sie dann eine Pause für einen kleinen, gesunden Snack.
Das Mittagessen richtet sich nach den Arbeitsbedingungen und Ihrem Nährstoffbedarf, in vielen Fällen ist es möglich, das Hauptgericht, das in den meisten Kantinen noch aus Fleisch oder Fisch besteht, durch einen üppigen Salat, Beilagen und eine Nachspeise zu ersetzen. Vegetarier stellen immer wieder fest, dass sie nach dem Mittagessen nicht so unter Müdigkeit leiden wie ihre Fleisch essenden Kollegen.
Die Kaffeepause am Nachmittag gibt noch mal Gelegenheit, Energie zu tanken. Je nach Tagesablauf ist das Abendessen auch die Hauptmahlzeit. Es sollte zwischen 18.00 Uhr und 19.30 Uhr eingenommen werden.

Machen Sie nicht den Fehler, abgepackte Snacks zu sich zu nehmen, die die Werbung als »leicht« oder »pure Energie« anpreist. Meist handelt es sich dabei um völlig denaturierte Lebensmittel, die in der Hauptsache aus Zucker bestehen!

Sellerieschnitzel mit Linsen

Zutaten für 4 Personen
1 große Sellerieknolle • 1/2 Tasse Basmatireis • 3 EL Suppengemüse, getrocknet • 1 Dose braune Linsen • 1 Tasse Cornflakes • 1 Bund Petersilie • 1 Zitrone • Semmelbrösel • Salz, weißer Pfeffer • 2 EL Sojatrockenmilch • Salatgarnitur

Öfter kleinere Zwischenmahlzeiten zu sich nehmen heißt nicht, dass man ständig mit Essen beschäftigt sein soll. Der Körper braucht auch Phasen, in denen ihm keine Nahrung zugeführt wird.

1 Die Sellerieknolle putzen, schälen und ganz in Salzwasser garen; dann herausnehmen.

2 Den Reis und das Suppengemüse im Selleriesud aufkochen und bei ausgeschaltetem Herd noch etwa 20 Minuten quellen lassen.

3 Inzwischen die Linsen abseihen (dabei die Flüssigkeit auffangen) und mit einem Kartoffelstampfer zerdrücken.

4 Falls Reis und Suppengemüse beim Quellen nicht alle Flüssigkeit aufgesaugt haben, die restliche Flüssigkeit abgießen.

5 Die Cornflakes in einem zusammengerollten Küchenhandtuch zerbröseln, die Petersilie waschen, trocknen und fein hacken; ebenso die Zitrone waschen, trocknen und ein wenig Zitronenschale abreiben. Alle Zutaten dem Reis untermischen und, falls die Masse zu feucht ist, Semmelbrösel zufügen; mit Salz und Pfeffer abschmecken.

6 Aus der Reismasse Bratlinge formen, in Semmelbröseln wenden, in heißem Öl ausbraten und warm halten.

7 Die Sellerieknolle in große Scheiben aufschneiden und diese kurz anbraten.

8 Die Linsenflüssigkeit in einen Topf füllen, das Sojatrockenmilch unterrühren und erwärmen.

9 Auf je 1 Selleriescheibe 1 Bratling legen und mit der Soja-Linsen-Sauce übergießen.

Felafel in Pitataschen

Zutaten für 4 Personen

250 g Kichererbsen, eingeweicht, gekocht und abgetropft oder 2 Dosen Kichererbsen (je etwa 425 g), abgetropft
1 große Zwiebel • 2 EL gehackte Petersilie • 1 Knoblauchzehe • 1 TL gemahlener Koriandersamen
1 TL gemahlener Kreuzkümmel • 1 Prise Chilipulver
Salz, frisch gemahlener schwarzer Pfeffer • Mehl zum Wenden • Öl zum Braten
Zum Servieren: 4 Pitabrote (aus Vollweizenmehl, falls erhältlich) • 2 Tomaten • 1/2 unbehandelte Salatgurke
Zitronenscheiben • Fenchelkraut

1 Die gut abgetropften Kichererbsen mit einer Gabel sorgfältig zerdrücken, dann fein gehackte Zwiebel, Petersilie, zerdrückten Knoblauch und Gewürze zugeben; alles gut mischen. Die Masse nach Belieben mit Salz und Pfeffer abschmecken.

2 Von der Masse nun mit einem Teelöffel kleine Klößchen abstechen und in der Hand zu kastaniengroßen Bällchen formen. Dabei den Löffel immer wieder mit Wasser anfeuchten. Zum Schluss die Bällchen in Mehl wenden.

3 Die Pitabrote bei niedriger Temperatur im Backofen erwärmen.

4 So viel Öl in die Pfanne geben, dass der Boden dünn bedeckt ist, Öl langsam erhitzen; die Felafelbällchen darin auf jeder Seite 3 Minuten braten, bis sie goldbraun sind. Auf Küchenkrepp gut abtropfen lassen.

5 Jedes Pitabrot bis zur halben Mitte durchschneiden, dann mit lauwarmem Felafel, Gurken- und Tomatenscheiben füllen. Vor dem Servieren mit Zitronenscheiben und Fenchelkraut garnieren.

Kirchererbsen gehören zu den traditionellen Lebensmitteln der arabisch-islamischen Küche. Die kleinen, braungelben Hülsenfrüchte werden seit Jahrhunderten ziemlich unverändert zubereitet.

Pikante Linsenküchlein

Zutaten für 4 Personen

2 große Zwiebeln • 2 Möhren • 1 Staudensellerie 2 EL Olivenöl • 250 g grüne oder braune Linsen • 1 große Knoblauchzehe • 1/2 TL gemahlener Kreuzkümmel 1/2 TL gemahlener Koriandersamen • 6 EL gehackte Petersilie • 1 EL Zitronensaft • Salz, frisch gemahlener schwarzer Pfeffer • Mehl zum Wenden • Öl zum Backen Brunnenkresse • Tomatenscheiben

Zu den Linsenküchlein passt ideal ein würziger Joghurtdip: Joghurt mit etwas Crème fraîche vermischen, nach Geschmack mit Knoblauch, Salz, Pfeffer und Kräutern würzen.

1 Zwiebeln, Möhren und Sellerie fein hacken und in einem Topf 10 Minuten in Öl garen, bis sie weich und leicht braun sind.

2 Linsen weich kochen, gut abtropfen und mit zerdrücktem Knoblauch, Kreuzkümmel, Koriander, Petersilie und Zitronensaft in der Küchenmaschine pürieren. Anschließend mit Salz und Pfeffer würzen.

3 Mit bemehlten Händen die Mischung zu 10 bis 12 flachen Küchlein formen. Diese in Mehl wenden.

4 Die Küchlein von beiden Seiten in ein wenig Öl backen, bis sie knusprig und braun sind.

5 Auf Küchenkrepp abtropfen lassen; mit frischer Brunnenkresse und Tomatenscheiben garnieren und servieren.

Maisküchlein

Zutaten für 2–3 Personen als Hauptgericht, für 4–6 Personen als Beilage

250 g frischer Gemüsemais (von 2–3 Kolben) • 50 g Mandeln, gehackt • 25 g Vollweizenmehl • Salz, frisch gemahlener schwarzer Pfeffer • Öl zum Ausbacken

1 Den Mais leicht kochen und abtropfen lassen, mit Mandeln und Mehl in eine Schüssel geben. Vermischen und mit Salz und Pfeffer würzen.
2 Etwas Öl in einer Pfanne erhitzen, 1 Esslöffel der Maismischung in das Öl setzen und auf beiden Seiten knusprig backen.
4 Die Küchlein auf Küchenkrepp abtropfen lassen und im Backofen bei schwacher Hitze warm halten, während man die restlichen Küchlein ausbackt; dann sofort servieren.
Variante Maisküchlein lassen sich auch aus Polenta mit Parmesan backen.

In Peru gibt es mindestens 20 verschiedene Wörter, um Mais zu beschreiben. Und mindestens 40 Maissorten.

Tofu in Senfsauce

Zutaten für 4 Personen
1 Tasse Vollkornreis • 1 l Wasser • 2 TL Gemüsebrühe, gekörnt Salz, Pfeffer • 600 g Tofu • 3 EL Sojatrockenmilch 1/2 TL Zucker • 1 EL Obstessig • Saft und Schale von 1 unbehandelten Zitrone • 1 EL mittelscharfer Senf 1/2 TL Curry • 1 TL Dill, gehackt • 1 EL Sonnenblumenöl

1 Den Reis fein mahlen und mit etwas Wasser anrühren.
2 Das restliche Wasser mit der Gemüsebrühe, Salz und Pfeffer zum Kochen bringen; das angerührte Reismehl zugeben und alles gut miteinander vermengen.
3 Den Tofu in kleine Stücke schneiden, in die Brühe geben und kurz aufkochen lassen.
4 Nun das Sojatrockenmilchpulver mit etwas Wasser glatt rühren und in die Brühe geben. Zusammen mit den restlichen Zutaten, die ebenfalls der Sauce beigemengt werden, weitere 5 Minuten ziehen lassen, aber nicht mehr aufkochen.

Getreidebratlinge

Zutaten für 4 Personen

300 g Dinkel oder Grünkern • 300 g Mischgemüse wie Möhren, Lauch, Zucchini, Sellerie, Kohlrabi, Fenchel • Öl
1 EL Majoran • 1 TL Thymian • Salz, Pfeffer • 1/2 l Wasser
3 Zwiebeln, mittelgroß • 2 EL Petersilie, gehackt
Knoblauch nach Geschmack

Bratlinge sind auch als Pausensnack für Kinder sehr gut geeignet. Mit einem Salatblatt und Ketchup zaubern Sie einen köstlichen Hamburger aus den Bratlingen.

1 Getreide mittelgrob schroten und aussieben, den mehligen Anteil zur Seite stellen.

2 Das Gemüse klein schneiden oder raspeln, in etwas Öl anschmoren, mit Majoran, Thymian, Salz und Pfeffer würzen.

3 Das Schrot ebenfalls dazugeben und mit anrösten, mit etwa der Hälfte des Wassers löschen, unter Rühren bei geringer Hitze 5 bis 10 Minuten kochen lassen.

4 Das restliche Wasser nach und nach zugießen, bis ein dicklicher Brei entsteht.

5 Je nach Bedarf etwas von dem ausgesiebten Mehl zugeben und den Brei nochmals kurz aufkochen lassen.

6 Das vorgedünstete Gemüse unter die Getreidemasse heben.

7 Die Zwiebeln fein schneiden und mit der Petersilie der Masse untermischen; wer möchte, kann auch den klein gehackten Knoblauch beimengen. Die Bratlingmasse sollte sich gut formen lassen; wenn nötig, noch etwas Semmelbrösel zufügen.

8 Bratlinge formen und entweder im Backofen auf einem gut gefetteten Backblech bei 180 °C etwa 45 Minuten backen oder in der Pfanne braten, dabei ab und zu wenden. Diese Getreidebratlingmasse eignet sich auch vorzüglich zum Füllen von Gemüse, z. B. Paprika.

Tipps und Tricks für Bratlinge

- Ist die Bratlingmasse zu flüssig geraten: Semmelbrösel, Cornflakes oder feine Haferflocken einstreuen, etwas quellen lassen. Tofu, gemixt oder klein mit der Gabel zerdrückt, zugeben. Sojatrockenmilch einstreuen. Glutenpulver einstreuen.
- Zerfallen die Bratlinge, d. h. sind sie zu trocken: Buchweizengrütze aufkochen, ausquellen lassen und zur Masse geben.
- Für besonders schmackhafte Varianten: Sonnenblumenkerne oder Cashewkerne zufügen.

Pellkartoffeln mit Tofucreme

Zutaten für 4 Personen

1 kg Kartoffeln • Salz • 1 TL Kümmel

Creme: 250 g Tofu • 1 Tomate • 1 Möhre • 1/2 rote Paprikaschote • 2 TL eingelegte grüne Pfefferkörner

2–3 TL Essig • schwarzer Pfeffer

1 Die Kartoffeln waschen und gründlich abbürsten.

2 Salz und Kümmel in einen Topf mit Wasser geben und die Kartoffeln darin etwa 20 Minuten kochen lassen.

3 Den Tofu in einem Sieb gut abtropfen lassen.

4 Die Tomaten häuten, vierteln und entkernen.

5 Die Möhren und die Paprikaschote waschen, in 2 bis 3 Zentimeter große Stücke schneiden und mit den Tomaten, dem Tofu und den grünen Pfefferkörnern pürieren.

6 Die Sauce mit Salz, Essig und Pfeffer abschmecken.

7 Die Kartoffeln (Kartoffelwasser für eine Suppe oder Sauce verwenden) abgießen und mit der Tofucreme servieren.

Zu Pellkartoffeln mit Tofucreme schmeckt jeder frische Salat. Optisch am besten macht sich dieser mit frischen roten Paprikastreifen oder Radicchio.

Süße Verführung

Als Veganer haben Sie vielleicht manchmal über die Schwierigkeiten beim Kuchenbacken ohne Eier oder über Rezepte für Cremes, die auf Kuhmilch basieren, geklagt. Hier finden Sie eine kleine Auswahl an Süßem, das Sie ohne tierische Zusätze zubereiten können.

Mit Fruchtzucker und Rosinen

Grundrezept Rührkuchen Veganer Art

Zutaten für 4 Personen

250 g Weizen oder Dinkel • 100 g geschälte Mandeln 3 EL Stärkemehl • 3 EL Sojamehl • 2 Messerspitzen Natron 1 Päckchen Backpulver • 175 g Sukkanat • 1/2 TL Bourbonvanille • 400 ml Wasser • 2 EL Sojatrockenmilch • Saft und Schale von 1/2 Zitrone • 4 EL Öl • Semmelbrösel

1 Den Weizen und die Mandeln fein reiben und mit dem Stärkemehl, Sojamehl, Natron, Backpulver, Sukkanat und der Bourbonvanille gut vermengen.

2 Wasser und Sojatrockenmilch vermischen, den Zitronensaft und die zuvor heiß abgewaschene und gut abgetrocknete, abgeriebene Zitronenschale zugeben und mit dem Öl unter das Mehlgemisch rühren.

3 Alle Zutaten zu einem Teig vermengen.

4 Die Kuchenform einölen, mit Semmelbröseln bestreuen und den Teig einfüllen.

5 Bei 175 °C 40 bis 50 Minuten backen.

Wenn Sie zu den Naschkatzen oder zu den süßen Leckermäulern zählen, eröffnen sich Ihnen auch in der vegetarischen Küche eine Vielzahl von gesunden Möglichkeiten. Den nebenstehenden Rührkuchen etwa können Sie mit beliebigen Füllungen und Auflagen verfeinern.

Feiner Mohnkuchen

Zutaten für 4 Personen

Grundrezept (siehe Seite 123) • 50 g Mandeln, geschält
150 g Mohn, gemahlen • 30 g Sukkanat • 100 g Rosinen
Saft und Schale von 1 Zitrone • Öl • Semmelbrösel

1 Kuchenteig wie oben beschrieben herstellen.
2 Mandeln grob hacken und in etwas Öl anrösten.
3 Von dem Teig etwas mehr als die Hälfte abnehmen und mit den Zutaten für die Mohnmasse verrühren. Nach Bedarf etwas Wasser zufügen.
4 Eine Kastenform mit Öl auspinseln, mit Semmelbröseln ausstreuen.
5 Abwechselnd hellen und dunklen Teig in die Form füllen, mit einer Gabel spiralförmig ein Muster ziehen.
6 Bei 180 °C 40 bis 50 Minuten backen.

Gesund ernähren heißt nicht, auf süße Sachen verzichten. Nur zu viel Zucker – in welcher Form auch immer – schadet dem Körper, der seinen Glukosebedarf am liebsten selbst enzymatisch herstellt.

Süße Cremes

Zutaten für 4 Personen

1 Päckchen Puddingpulver (Sahne- oder Vanillegeschmack)
oder 50 g Speisestärke • 1/2 l Sojamilch • 200 g Fruchtzucker
250 g Margarine

1 Puddingpulver mit etwas Sojamilch anrühren.
2 Restliche Milch mit Zucker zum Kochen bringen, angerührtes Puddingpulver einrühren und aufkochen.
3 Pudding erkalten lassen.
4 Die Margarine schaumig rühren. Den Pudding löffelweise unterrühren. Dabei unbedingt darauf achten, dass Pudding und Margarine die gleiche Temperatur haben, sonst gerinnt die Creme.

Vanillecreme
1 Päckchen Bourbonvanille zum Puddingpulver geben.
Schokoladencreme
80 Gramm Kakao in das Puddingpulver einrühren.
Nougatcreme
100 Gramm gemahlene und mit dem Zucker vermischte Haselnüsse in der heißen Sojamilch lösen.
Nusscreme
100 Gramm geriebene, angeröstete Haselnüsse oder Mandeln mit dem fertigen, noch warmen Pudding verrühren.
Mokkacreme
3 Teelöffel Pulverkaffee mit dem abgekühlten Pudding verrühren.
Aprikosencreme
200 Gramm Aprikosenkonfitüre in den fertigen, heißen Pudding rühren. Zucker beim Grundrezept weglassen.
Ananascreme
200 Gramm Ananaskonfitüre in den fertigen, heißen Pudding rühren. Zucker beim Grundrezept weglassen.
Rumcreme
Grundrezept mit zusätzlich 1 Fläschchen Rumaroma herstellen.
Karamelcreme
200 Gramm Zucker in der Pfanne hellbraun rösten, mit 3 bis 4 Esslöffel Sojamilch ablöschen. Diesen Sirup zur Sojamilch geben und statt Vanillepudding Karamelpudding verwenden.
Zitronencreme
Vanillepudding mit knapp 1/2 Liter Wasser kochen. 5 Esslöffel Zitronensirup und etwas Zitronensaft mit dem heißen Pudding verrühren.
Orangencreme
Pudding mit je 1/2 Liter Wasser und Orangensaft kochen. Geriebene Orangenschale und -likör zufügen.

Wer die Creme mit etwas säuerlichem Fruchtaroma versieht, kann sie anschließend mit süßen Früchten garnieren. Zu Nuss- und Schokoladearomen gibt Zitronenmelisse einen angenehmen Geschmackskontrast.

Rüblitorte

Zutaten für 4 Personen

200 g Mandeln, geschält • 75 g Weizen • 25 g Buchweizen
1 Päckchen Backpulver • 200 g zarte Möhren
100 g Sukkanat • 2 EL Sojamehl • 3 EL Öl • Schale und Saft von 1/2 unbehandelten Zitrone • 1 Prise Salz • Zimt
Reis- oder Sojamilch nach Bedarf
Füllung: 200 g Margarine • 1 Päckchen Vanillezucker
200 g Sanddornmarmelade • 6 EL Sanddornsirup
1 Fläschchen Rumaroma nach Geschmack
Verzierung: 12 Minzeblätter

Für jeden, der etwas herbere Süße vorzieht, ist Sanddornmarmelade eine ideale Geschmackszutat.

1 Mandeln fein reiben.
2 Weizen und Buchweizen fein mahlen und mit Backpulver vermischen.
3 Möhren schälen und sehr fein reiben. Alle Zutaten mischen und gut mit der Küchenmaschine durchkneten.
4 Aus dem Teig 3 Böden einzeln bei 180 °C ca. 15 Minuten backen.
5 Die gebackenen Böden abkühlen lassen.

Sanddornfüllung

1 Die Margarine mit dem Vanillezucker schaumig schlagen.
2 Die Sanddornmarmelade nach und nach zugeben, dazu müssen beide Zutaten die gleiche Temperatur haben.
3 Etwas zurückbehalten, um später die Torte zu verzieren.
4 Sanddornsirup mit dem Rumaroma mischen und die Tortenböden damit beträufeln.
5 Jeweils ein 1/3 Sanddorncreme darauf streichen, zum Schluss die Torte vollständig mit Creme überziehen.
6 Mit der restlichen Sanddorncreme die Torte verzieren.
7 Zum Schluss mit geraspelter Möhre und Minzeblättern verzieren.

Über die Autorin

Brigitta Klingel, Köchin und Erfinderin des geräucherten Tofus, beschäftigt sich schon seit Jahren mit alternativen Ernährungsformen. Im Südwest Verlag erschienen von ihr die Ernährungsratgeber »Vegetarische Grillspezialitäten« und »Vegan-Küche«.

Literatur

Bircher, Dr. Ralph: Geheimarchiv der Ernährungslehre. Wissenswertes und Wissenswichtiges. Bircher-Benner Verlag. Friedrichsdorf 1995

Klingel, Brigitta: Exemplarisch Vegetarisch. Verlag SK-Publikationen. Hof/Saale 1995

Singh, Rajinder: Heilende Meditation. Urania Verlag. CH-Neuhausen/Rheinfall 1996

Produktliste Mich-/eifreier Produkte, neuform Vereinigung (kostenloses Informationsmaterial erhältlich in Reformhäusern)

Wirths, Prof. Dr. W.: Kleine Nährwert Tabelle der Deutschen Gesellschaft für Ernährung e. V. Umschau Verlag. Stuttgart 1995

Quellennachweis

Die angegebenen Produkte sind zu beziehen bei: *Vegi-Versand,* Diffenéstr. 10 a-c, 68169 Mannheim, Tel. 0621 / 762 88 32, Fax 0621 / 74 59 86

Hinweis

Das vorliegende Buch ist sorgfältig erarbeitet worden. Dennoch erfolgen alle Angaben ohne Gewähr. Weder Autorin noch Verlag können für eventuelle Nachteile oder Schäden, die aus den im Buch gemachten praktischen Hinweisen resultieren, eine Haftung übernehmen.

Bildnachweis

Albrecht, Dirk, Meinerzhagen: Titel, 85, 97, 109; Südwest Verlag, München: 1, 61 (U. Kerth), 25, 122 (D. Albrecht), 31, 56, 68, 80, 90, 100, 114 (K. Newedel), 38 (C. Kargl), 44 (N.N.); Tony Stone, München: 4 (D. Durfee), 10 (J. Drake)

Impressum

2. Auflage 1998

Redaktion:
Monika Parzinger, Reinhard Bröker
Projektleitung:
Dr. Alex Klubertanz
Redaktionsleitung und medizinische Fachberatung:
Dr. med. Christiane Lentz
Bildredaktion:
Beate Wagner
Produktion:
Manfred Metzger
Umschlag:
Manuela Hutschenreiter, München
Layout:
Wolfgang Lehner
DTP:
Matthias Liesendahl

Printed in Italy
Gedruckt auf chlor- und säurearmem Papier

ISBN 3-517-08009-8

Sachregister

Rezepteregister